# 瀕死飯!

幻冬舎

# はじめに

わっ
電車来てる!
あせ
あせ
はじめまして。祭《まつり》と申します。
プシュー
はー 間に合った…
就職のために九州の田舎から関西に出て
もうすぐ15年。
ガタン
ガタターン
会社員からいくつか転職をして
海のそばの田舎から都会へ…。
ピピピッ
たしっ
フリーの絵描きへ。
あと たまにバイト。
は〜
お腹すいたな〜
久しぶりのバイト…

この時間だと
もうコンビニだな…
どの仕事に就いても
変わらないのは
信号長いな〜…
毎日が
瀕死。
ぐったり…
今日も朝からハードだった…
さて、
コンビニ弁当も
飽きたし…
うろ
うろ
何かあたたかいものが
食べたいな…
ひょいっ
冷やご飯は
ある。
かきたまスープ
あとは、
なんもない。
あ〜
足痛い〜
ずっと
立ってたし…
ビリ
ビリ
ビリ
帰ったら
早くご飯
食べよ…
そしてふろだ…
とぼ
とぼ…

はぁ〜
つかれた〜…
私と同じく今日も瀕死のアナタ。
ガチャッ
あったあった…
今日のご飯はなんですか？
ぐい
ぐい
ぱりっ
仕事に私用、
忙しすぎて毎日瀕死状態で帰宅…
だばし〜っ

できれば幸せな気分になれるご飯で一日を締めくくりたい。
ほかぁ…
コンビニの焼き鳥とかきたまスープをのせてお湯をかけるだけ!
「香ばし親子茶漬け」
あ～おいしそ～!
もりっ
ん!
んまぁ!
ろくに調理してないのに!
そんなアナタにカンタン、早くておいしいレシピを紹介するのがこの漫画、
瀕死飯!

はっ、食べたら説明を……
瀕死飯は「瀕死状態でも作れて明日も頑張れる」
そんなレシピなので使うものもカンタンに。
この漫画では基本の道具と調味料はこれだけ!
基本の道具
炊飯器
電子レンジ
フライパン
キッチンバサミ
包丁&まな板
鍋
基本の調味料+α
顆粒のだしとコンソメ、とりがらスープ
とりガラスープ
だし
コンソメ
2倍のめんつゆ
つゆ
みりん
酒
調理酒
チューブにんにくとしょうが
さしすせそ
さとう
しお
酢
しょう油
みそ
はちみつ
ウスター
ウスターソース
ケチャップとマヨ

で
次に大事なのは「瀕死のレベル」
そもそも「瀕死」とは
「死にかけてること、死にそうな状態」
メンタル瀕死
フィジカル瀕死
さいふが瀕死とかも。
体や心の状態は個人で違うと思うので、瀕死飯での瀕死レベル分けはこうしています。
調理時間 瀕死レベル
5分以内 レベル5
10分以内 レベル4
15分以内 レベル3
20分以内 レベル2
30分以内 レベル1
瀕死レベルが高いとカンタンなレシピになる。
この本ではレベル4～5を中心に紹介しています。
おっ！今日は元気だ！
って時はレベル3や2を作ってみるのもオススメ！
外食よりも安く済むしね。
基本的には自分にやさしく、ゆるーく料理しましょう～って感じの本です。
出来ない時はやらない～

ちなみに私はコンロ1つの物件なのでスペックはひとり暮らし用のキッチンです。
狭いのでまな板はタテに置いてつかう…
道具があれば材料を買うだけ！
材料も特別なものは入れません。
なぜなら私が大変だから。
はて、グラパラリーフ？アレッタ？売ってないよ…
メモ
缶詰やカット野菜など、
千切りキャベツ
さば
便利なものを使ってそれらしいご飯を作るのがテーマです。
私も普通のスーパーやコンビニでしか食材調達してません〜
時価！
この漫画がちょっとでも、忙しい方々の役に立てたらいいなぁと思っています。
どうぞよろしくお願いします！

# 目次

はじめに 002

## 1 一品で大満足！ ごはんもの編 012

混ぜるだけ3分で完成！ **ごま油香るユッケ丼** 【瀕死レベル5★★★★★】 013

むしゃくしゃしてやった！ **破天荒ペペロンチーノ** 【瀕死レベル5★★★★★】 017

マメじゃない **豆定食** 【瀕死レベル5★★★★★】 021

コンビニ食材を混ぜるだけ！ **サラダうどん** 【瀕死レベル4★★★★】 025

女子力MAX！ **ワンポットレモンクリームパスタ** 【瀕死レベル4★★★★】 029

ザクザク旨い！ **即席チキンラーメンチヂミ** 【瀕死レベル4★★★★】 033

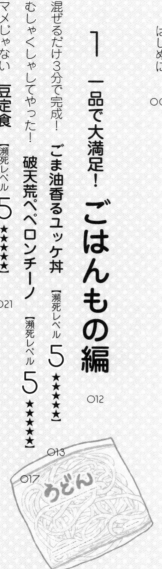

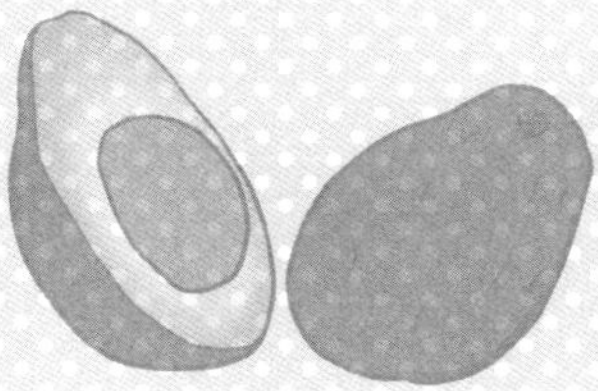

炊飯器で一発！ **こっくりチーズの洋風炊き込み** 【瀕死レベル 4 ★★★★】 037

5分であったまる〜！ **コンポタうどん** 【瀕死レベル 5 ★★★★★】 041

食パンでむっちりやみつき！ **カプレーゼサンド** 【瀕死レベル 4 ★★★★】 045

うまみのビッグウェーブ！ **コンビニで貝めし** 【瀕死レベル 4 ★★★★】 049

夏野菜たっぷり！ **塩ラーメン×ラタトゥイユ** 【瀕死レベル 3 ★★★】 053

うまかけん！ **佐賀んシシリアンライス** 【瀕死レベル 2 ★★】 057

オマケ1ページレシピ サンラータンのおじや 061

## 2 白飯と合わせて！ おかず編 062

エビなしで衝撃のウマさ！ **エリチリ** 【瀕死レベル 5 ★★★★★】 063

香味パワーで復活！ **コンビニでイカセロリ炒め** 【瀕死レベル 5 ★★★★★】 067

包丁も火も使わない！ **にら納豆ピザでビールがすすむ** 【瀕死レベル 5 ★★★★★】 071

卵×バター×チーズのとろける旨さ！ **はんぺんピカタ** 【瀕死レベル 4 ★★★★】 075

超多忙時に最強の味方！ **カリポリ肉みそ** 【瀕死レベル 4 ★★★★】 079

飲み会で疲れた胃にも！ **さっぱり鶏ザーサイ** 【瀕死レベル 4 ★★★★】 083

炊飯器だけで！ **オシャレな牛肉とセロリの赤ワイン煮** 【瀕死レベル 4 ★★★★】 087

超スピードで煮こみ料理完成！ **おひとりさまロールキャベツ** 【瀕死レベル 3 ★★★】 091


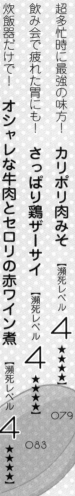

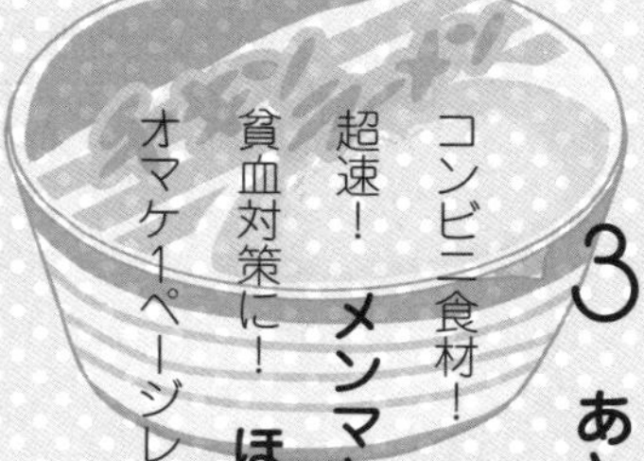

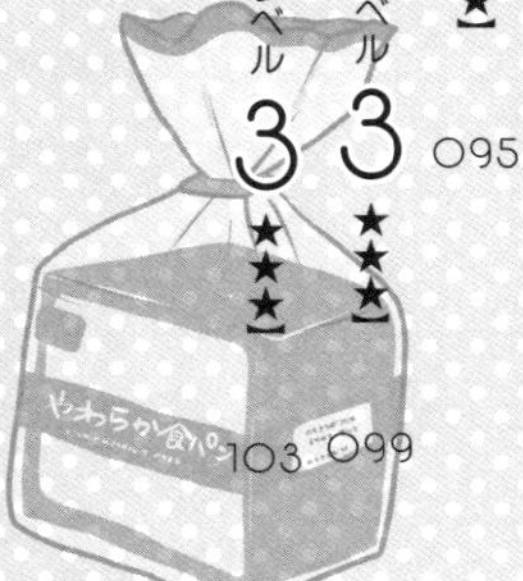
やわらか食パン

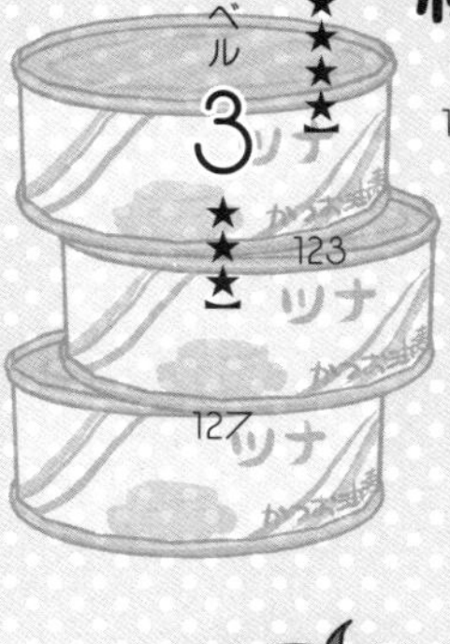
ツナ
ツナ
ツナ

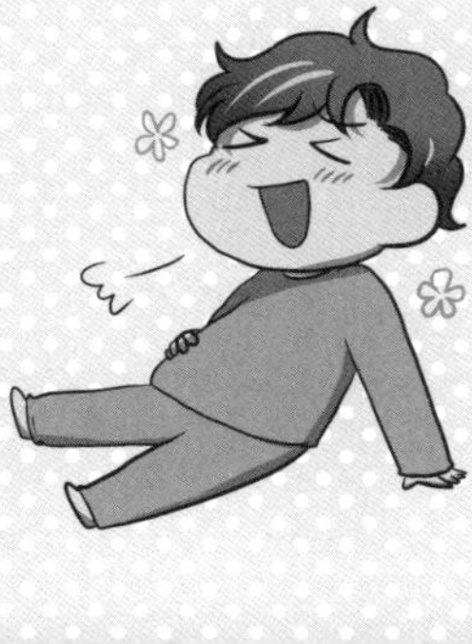

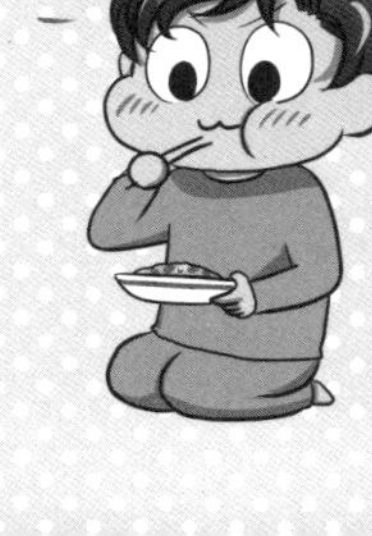

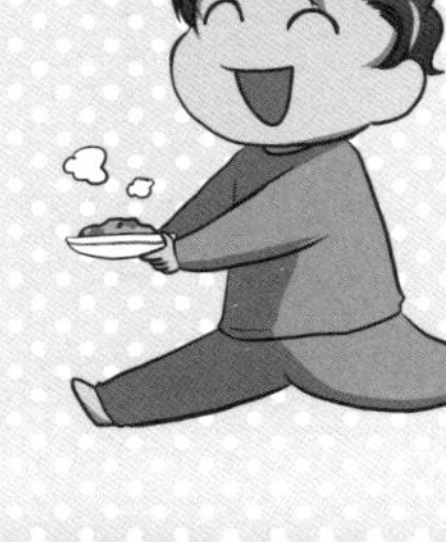

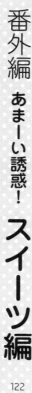

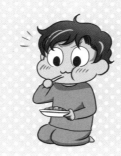

1

一品で大満足！

# ごはんもの編

# ごま油香るユッケ丼

混ぜるだけ3分で完成！

春うらら
過ごしやすい週末に
死にかけの私。
ボロッ…
瀕死レベル5
うぅっ…終わらない…
夜までに完成とか分裂しないとムリでしょ…
分裂…
…
よしこうなれば…！
召喚！
妹ちゃん！
ペカーッ
ダダダダッ

シュポッ
ヘルプ色塗り!
下塗りしてほしい〜!
ポコッ
お昼食べてから
ならいいよ〜
シュポッ
ありがとー!
じゃあ私も食べてくるから
準備できたらスカイプして!
助かった
助かった
ばた
ばた
よっし!
じゃあ私も
ちゃちゃっと
食べよ〜!
こんな時は
肉っ!
気合いを入れるため〜!
だけど
食材がほぼ
ないんだな〜
しお〜〜っ
米はあるけど…
でも今日は
こんなことも
あろうかと
これを買って
おいたのだ!
コンビーフ
まずは
コンビーフを開ける。
くる
くる〜〜っ
くるくる開けるのスキ…
コンビ
器にあけたらタレの
調味料を入れて混ぜる。
●焼肉のタレ
●ごま油
●チューブにんにく

あとは
あつあつの
ご飯にのせて、
真ん中に卵黄
仕上げのネギで
「まぜのっけ!
コンビーフ
ユッケ丼」
完成~!
カンッッッペキに
ユッケ丼だわ…
ほのかな肉の甘みに
ごま油香るこのタレ…
お店のタレに限りなく近い!!
卵を潰して
食べると
とろぉ…
あ~!
懐かしの
ユッケだ~!
最高!
一瞬でできて
高クオリティの
ユッケ丼。
懐かしの味を
手軽に作れるので
オススメです!
一瞬で作れるのに
このクオリティ…
一瞬で
なくなった…
ポロッ
ハッ!
キタ!
あ~ありがと~!!
ハァ~
あせ
あせ
あせ

# まぜのっけ！
# コンビーフユッケ丼

瀕死レベル 5

★★★★★

**材料（一人前）**

- ● コンビーフ…1缶
- ☆ 焼肉のタレ（中辛）…大さじ1
- ☆ チューブにんにく…2㎝
- ☆ ごま油…小さじ1
- ● ご飯…茶碗軽く1杯
- ● 卵黄…1個分
- ● 刻みネギ…お好み

大葉や刻みのりをのせてもgood～！

**作り方**

① コンビーフを器にあけ、ほぐしながら☆と混ぜておく。

② ご飯の上に①、真ん中に卵黄をのせ、刻みネギを散らしたら完成。

# 破天荒ペペロンチーノ

むしゃくしゃしてやった！

今を嘆いても仕方ない…
今、今私がやることは
ご飯を食べることだ!!
勢いでやったブリ〜ジが戻れない……
ザッ
むしゃくしゃした時はこのメニューに限る!
キッチンバサミ。
まず!チーカマとカルパスを
キッチンバサミで切る!
次ィー!
フライパンに水、塩、オリーブオイルを入れて強火。
お湯が沸いてきたら…
ぐつぐつ〜
パスタを…
みしっ…
こうだ――!!
ボキィ
※フライパンに入らないのでテンションにまかせて折ってるだけ
パスタを入れたらチューブにんにくを投入。
生にんにく
多めに。

ジュウウウ
水分が蒸発したら
カルパスとチーカマを入れる。
具材を炒めて
一味とブラックペッパーで
味を調えたら
はやうまっ
「むしゃくしゃしてやった！
破天荒ペペロンチーノ」
完成！
いただきます…
ヴフ…!!
うんまぁ〜〜！
パァァァ…
シンプルなのに
カルパスとチーカマの
味が染み出て
なんか悪いことしてるみたい〜〜！
味わい深い〜！
イライラには
スピードメニュー!!
一つは
持っておきたい
レパートリー
ですよね！
☆イライラの原因は
ただの空腹——……！
おだやか
ふぅ…
ごちそうさま
でした…
ぱんっ

# むしゃくしゃしてやった！破天荒ペペロンチーノ

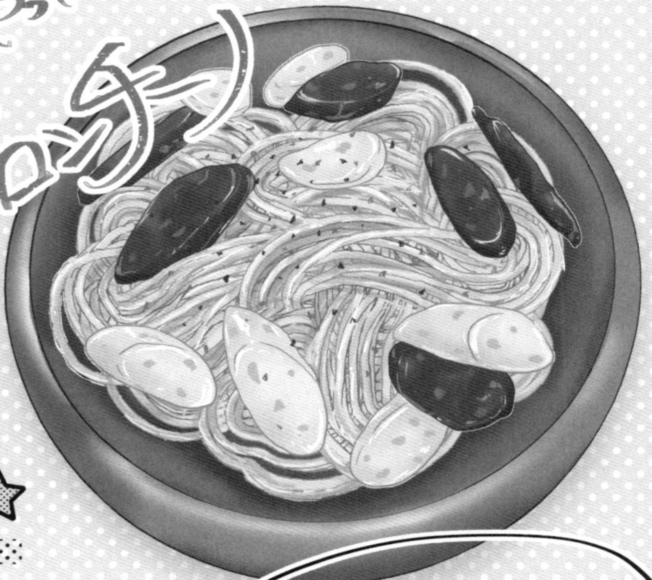

瀕死レベル 5

☆☆☆☆☆

**材料**（一人前）

- ● カルパス…1本（大きいもの）
- ● チーカマ…1本
- ● 水…400ml
- ● 塩…ひとつまみ
- ● オリーブオイル…大さじ2
- ● パスタ…100g
- ● チューブにんにく…3～4㎝
- ☆ 一味唐辛子…4～6振り
- ☆ ブラックペッパー…お好み

パスタが硬いときは④の時に少しずつ水を足して蒸発させながら炒めてください～
各家庭のコンロによって違うのでギリギリの量にしてます～

**作り方**

① カルパスとチーカマをキッチンバサミで5㎜～1㎝幅に切っておく。

② フライパンに水、塩、オリーブオイルを入れて強火にかける。

③ 沸騰したらパスタを半分に折って入れ、チューブにんにくを入れる。

④ 水分が蒸発したら、①を入れ、☆で味を調えながら炒めたら完成。

# 豆定食

マメじゃない

暑い
瀕死レベル5
だらだらだらだら
暑苦しいコマからですいませんねぇ…
生きてるだけで瀕死に近づいてる…
ってか夏って暑い…
↖汗
えっ？ヤバくない？
日差しが殺人的すぎない？
暑すぎて
南半球との温度差で地球割れたりしない？
パリーンって…
暑さはIQを下げる。
ぐううう〜
何もしなくても暑いし、何もしなくてもお腹は減りますな〜
今日は絶対火を使わないご飯にしよっと…
よっこいせーっと
はぁ〜

一瞬でカタをつける……
だら
だら……
暑いから。
使うものはこれだけ。
ご飯は温かいものを！
ぽん酢
ごはん
天かす
ぽん酢
天かす
ネギ
とうふ
豆腐は
水の入っていない充填豆腐、
または水気をきった
絹豆腐がオススメ。
まず
コレを
味が濃いのがオススメ〜
イソ
ぺりり…
ぷるん…
フラ
ボーーーン!!
それっ

あとはネギと天かす、ポン酢をお好みでかけたら完成。
ぱらり
ん〜でも何かもう一品欲しい…
あれだ!
小さいボウルに合わせみそ、粉末の和風だし、
乾燥わかめ、乾燥ネギを入れて混ぜる。
ねり
ねり
馴染んだら3等分にしてラップで包んで
みそ玉の完成。
ごろ
ごろ
ごろ
これ、めちゃくちゃ便利です! みそ玉1個にお湯を注げば即席みそ汁のできあがり。
最近これぱっか…
お弁当にもよさそう。
乾物を使ってるので冷蔵で1週間程度保存できます〜
豆腐丼とみそ玉で「マメじゃない豆定食」完成!
ひやあっ
豆腐丼は思いっ切り混ぜちゃう。
あったかご飯に冷たい豆腐がマッチしてポン酢で爽やか、豆腐はクリーミィ!
さらっと食べられて大豆のタンパク質は夏バテにも効きますよ〜
人には見せられないけど
混ぜるのがおいしいのよ〜

# マメじゃない豆定食

### 豆腐丼材料（一人前）

- ● ご飯…茶碗1杯分
- ● 充塡豆腐または水気をきった絹豆腐…1丁
- ● ポン酢…お好み
- ☆ 天かす…お好み
- ☆ 刻みネギ…お好み

### 作り方

① よそった温かいご飯に豆腐をのせて
☆をのせ、ポン酢をかけたら完成。

### みそ玉材料（3個分）

- ● 合わせみそ…大さじ2
- ● 粉末和風だし…5g（小袋1袋分）
- ● 乾燥わかめ…大さじ1
- ● 乾燥ネギ…大さじ1

### 作り方

① 小さめのボウルに材料をすべて入れて混ぜる。

② 粉末だしが馴染んだら3等分にしてラップで包んで完成。

だしは今回、手に入りやすい物にしてますが、普段使ってるやつでも大丈夫です〜
私は普段はあごだしパックをやぶって使ってる。
あごだし

瀕死レベル 5

★★★★★

# サラダうどん

コンビニ食材を混ぜるだけ！

てな訳で、今日は冷たいサラダうどんにしよ～
ちょっと早い気もするけど
野菜食べたいし～
ま～、夏ほどではないけど急に気温が上がるとダル～いし
今日は火も包丁も使わない～
カットサラダ
うどん
使うのは耐熱容器！
たぱぱーんっ
フタつきのやつ。
これに袋から出したうどん、浸かるまでの水を入れて～
レンジでチン！
ピッ
うどんチェック。
ん、いい感じに茹でてある…
ちゅる…
そしたらうどんを氷水で冷やして水気をきる。
ひやあ…
あとはさっきの容器にうどんと、手で崩した乾燥わかめ
カットサラダも入れて、ごまドレも入れちゃう。
ぱり
ぱり

ぷちっ!!
フタをしっかりして、
振る！
がっちょ
がっちょ
しっかり上下もひっくり返して混ぜる〜〜ん
ごちゃ
ごちゃ
全体が馴染んだら
つる〜〜んっ
「1食で完結！レンジでサラダうどん」完成！
さっぱりうどんにごまドレの風味が絡んでうまぁ〜！
スル〜っと入る〜〜!!
カットサラダとうどんの水分をわかめが吸うから水っぽくならずに食べられるんだよねぇ〜
いっぺんにサラダとうどんが食べられるのもヘルシーで良いなぁ〜
暑さ対策にも時短にも健康にも！レンジでサラダうどんはレギュラーメニューにぴったりですよ〜！

# 1食で完結! レンジでサラダうどん

瀕死レベル 4

★★★★

ごまドレの代わりに
めんつゆ小さじ1、マヨ大さじ1
でもオイシーです!
ぽん

### 材料（一人前）

- ● ゆでうどん…1玉
- ● 水…適量
- ● 乾燥わかめ…ひとつまみ
- ☆ カットサラダ…70g（食べきりサイズ）
- ☆ ごまドレッシング…大さじ1

### 作り方

① うどんを耐熱容器に入れ、浸かるまで水を入れてしっかりフタをしたら電子レンジ500Wで3分加熱。

② うどんが柔らかくなったら氷水（分量外）で冷やして、水気をきる。

③ 水気をふき取った①の容器にうどん、手で細かく崩した乾燥わかめ、☆を入れてフタをして振り混ぜる。

④ 全体が馴染んだら完成。

# ワンポットレモンクリームパスタ

で
何食べたいの?
私つかれてるからカンタンなのね
テンション上がるやつ
まんが読むー
テンションが上がそなおかつ早くできるやつ……
注文が雑……
そうだ
ワンポットパスタにしよう。
あれは早い……
まず、流水でシーフードミックスを解凍、ほうれん草を食べやすいサイズに切る。
ちょろ
ちょろ
シーフードはエビが大きいのがオススメ
溶けやすいようにクリームシチューの素1かけも刻んでおく。
今回はさっぱりめのクリームソースにしますが濃くしたい人はレシピにプラス半かけ〜1かけしてください。
どのメーカーでも大丈夫。
フライパンに牛乳と水、ほうれん草、シーフードミックスを入れて中火にかける。
いっぺんに全部入れても良いのがワンポットの魅力……
沸騰直前のふつふつしたタイミングでパスタを投入。
もう完成が見えてきた
混ぜながら麺が固まらないようにします〜
〜♪

パスタが7割ほど柔らかくなったら
クリームシチューの素を入れて
塩とブラックペッパーで
味を調える。
しなっ
素を入れるタイミングは
はしで麺をつまんで、
軽くしなるくらい
そして今回の決め手は
レモン！
最後に入れて
さわやかに
仕上げ
まーす
市販レモン汁でもいいけど
生レモンがオススメです～
パスタがゆで上がったら
全体にレモン汁を混ぜて、
おしゃかわ～
「女子の夏パスタ
ワンポット
レモンクリームパスタ」
完成！
何これうっま！
クリームが
もったりしすぎずに
さらっと食べられる！
せまい…
シーフードのうまみも出てて
ほうれん草とエビの色も
きれい～！
ごちそーさまー
行ってきまーす！
よかった
よかっ…
ぱたーん
夏でも食べたい
女子の鉄板、
クリームパスタ。
10分以内で
作れちゃう。
気になるあの子に
作るのも
アリ…かも。
Zzz…

# 女子の夏パスタ ワンポットパスタ レモンクリームパスタ

**材料（一人前）**

- ●　パスタ…100g
- ●　ほうれん草…2〜3株
- ●　冷凍シーフードミックス…100g
- ☆　牛乳…250ml
- ☆　水…200ml
- ●　クリームシチューの素（固形）…1かけ
- ●　塩…適量
- ●　ブラックペッパー…適量
- ●　生レモン果汁または市販レモン汁…大さじ2

余裕があれば
レモンスライスを飾りに
しても香りが出ていいですよ〜
そして
カワイイ…

**作り方**

①　流水でシーフードミックスを解凍しておき、
ほうれん草を食べやすい大きさに切る。
クリームシチューの素も刻んでおく。

②　フライパンに☆と①のほうれん草、シーフードミックスを入れて
中火にかける。

③　②が沸騰直前のふつふつした状態になったらパスタを入れ、
麺が固まらないように混ぜる。

④　パスタが7割ほど柔らかくなったらクリームシチューの素を入れ、
塩とブラックペッパーで味を調える。

⑤　最後に全体にレモン汁を回しかけて混ぜたら完成。

瀕死レベル 4
★★★★

ザクザク旨い!

# 即席チキンラーメンチヂミ

もしもし ●●です～
お世話になってます～ お電話気付かなくてすみません～
←ここまで来ると平気。
会社員の時は平気だったのに一度離れるとダメねぇ…
事務所とか
入稿連絡とか。
はい、では失礼します～
プツッ
はぁ～緊張したぁ…
つかれがドッと…
しかしほっとしたらお腹すいてきた…
カップ麺はあるけどミニだからちょっと足りないな…
チキラー～ッ
ん～と…
そういえばネギとチーズがあるからアレにしよっかな！
じゃあさっそく、カップ麺にネギとチーズを入れてお湯を入れる～
ざあっ
待つ間に他の材料～
らくち～ん
はくりき 小麦粉
純正 ごま油
と、言っても今回はこれだけ！
お、いい時間だわ～

ぱらっ
麺が柔らかくなったら小麦粉を入れて混ぜる。
この工程、いつも何か罪悪感を感じる見た目だけど…
洗い物を減らすにはいい方法なんだよね～
容器捨てるだけだし…
にっち にっち
にっち にっち
混ざったらごま油をひいたフライパンに薄く伸ばして焼く。
じわ じわ じわ じわ じわ
両面をカリッと焼いてカットしたら
「タレいらず！チキラーチヂミ」完成！
ザクザクしてんま～！
ザク ザクッ
ネギとチーズでボリュームあるし、
なにより味がついてるからタレいらずでおいしい！
普段なら酒のツマミなんやけど…
これから仕事するし今日はガマン…
チラ…
ずらーっ
はぁ～ミニカップ麺が立派なご飯になったなぁ～
よし、さっきもらった修正やってしまお～！
から…

# タレいらず！チキラーチヂミ

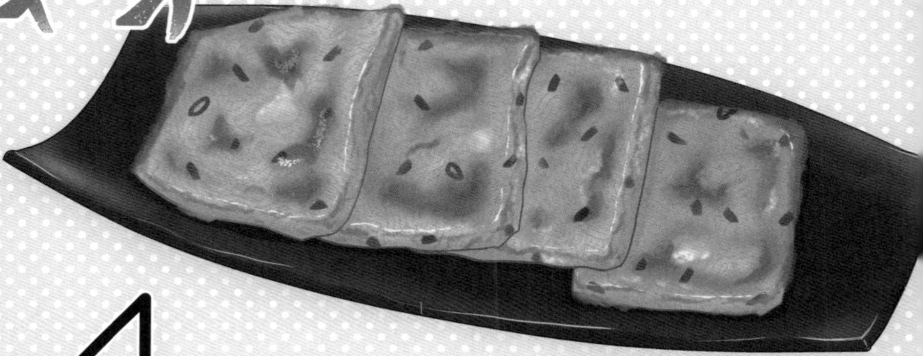

瀕死レベル 4

☆☆☆☆

通常サイズで作る時は小麦粉を大さじ3にして調節してください～
通常サイズだとだいたい2.5人前くらい。
ミニ
通常

**材料（一人前）**

- ● ミニチキンラーメン（カップのもの）…1個
- ☆ 刻みネギ…ひとつかみ
- ☆ とろけるスライスチーズ…1枚
- ● お湯…適量
- ● 小麦粉…大さじ2
- ● ごま油…大さじ1

**作り方**

① チキンラーメンに☆を入れて通常通りのお湯を入れて2分待つ。

② 麺が柔らかくなったら全体を混ぜ、小麦粉を2～3回に分けて入れて馴染ませる。

③ ごま油をひいたフライパンに②を流し入れ、薄めに成型する。

④ 麺がカリカリになったらひっくり返し、両面を焼いたら食べやすくカットして完成。

# こっくりチーズの洋風炊き込み

炊飯器で一発！

ご飯は洋風炊き込みご飯を作る！
まずは米を研いで普段通りの水とコンソメ、酒を入れておく。
さけるチーズ
次にトマトのヘタを取って、釜の真ん中に
ヘタはキッチンバサミで切り取っちゃう。
ぐりぐり
そして油をきったツナと適当に割いたチーズを入れて、炊飯。
あとは待つだけ～
ラクラク～
ピーッ
お
ほわあっ
あぁ～！イイ感じ！

ほかほかぁ～
トマトを潰しながら全体を混ぜたら
「こっくり味！チーズの洋風炊き込みご飯」完成！
うん！どれも相性がいい～！
ツナのうまみが立ってトマトでさっぱり、チーズのこっくりした味がマッチしてる～！
さっくり
これ、フライ物との相性もいいいんだよねぇ～
お米と材料を入れるだけだからやる気のない時に最適だわ～
サクサク
洋風炊き込みを食べる時は、ぜひぜひお好きなお惣菜と一緒にどうぞ！

# こっくり味！チーズの洋風炊き込みご飯

瀕死レベル 4

☆☆☆☆

**材料（作りやすい分量）**

- 米…2合
- コンソメ（顆粒）…小さじ2
- 酒…大さじ1
- トマト（中サイズ）…1個
- ツナ缶…1缶
- さけるチーズ…1本

チーズの量を倍にすれば
チーズリゾット風にも
なります～
余ったらオムライスにしてもおいしい。

**作り方**

① 米を研いで普段通りの水を入れ、コンソメと酒を入れる。

② トマトのヘタを取って米の真ん中に置き、油をきったツナ、適当に割いたチーズを入れて普通に炊飯する。

③ 炊き上がったら全体を混ぜて完成。

# コンポタうどん

5分であったまる〜!

パックのコンポタ安くなってる〜！
おつとめ品はすぐ買ってしまう〜
ポーイッ
さっ
でも普通にスープとして食べるより…
ルン ルン
私はコレ!!
うっど〜ん
うどん
へっへっへ…これでうどんを作るのだ…
作り方はカンタン！材料は〜、
ゆでうどん。
うどん
コンソメ
塩
バター
コンポタは温めるだけの完成品を使います！
チルドコーナーにあるやつ〜
コーンクリームポタージュ
粉じゃちょっと薄いのだ…
まず、鍋にコーンポタージュ、コンソメとバターを入れて中火に。
沸騰したらうどんと塩を投入。
牛乳と違ってしっかり沸騰しても大丈夫〜
ぐっぐつ…
うどん

ゆで上がったら
スープごと
器に移す。
これで
完成！
と
思いきや～
卵黄と
ブラックペッパー
ぽてん…
からの～
チーズ！
これを
かけたら～
ピザチーズ
I Love Cheese!!
今度こそ完成！
「とことんクリーミィ！
コンポタうどん」！
クリィィミ～～ッ
見た目からクリーミィ！
ほんのり甘いけど
チーズの塩っ気が
イイ感じ～
卵黄を潰すと
ぷつぅ…
どろ～ん
さらに
ウマ～っ
そういえば
ポタージュの
定義って
なんなんだろ…
いろんな
ポタージュが
あるけど…
カチカチ…ッ
ポタージュ
どろっとさせた
濃いスープ。
えっ
ざっくり…
えっしかも
日本だけの使い方なのね…
海外では
また違う…
日本の冬にも
ぴったりなポタージュ。
うどんを入れて食べるのも
一味違って
おいしいですよ～

# とことんクリーミィ！コンポタうどん

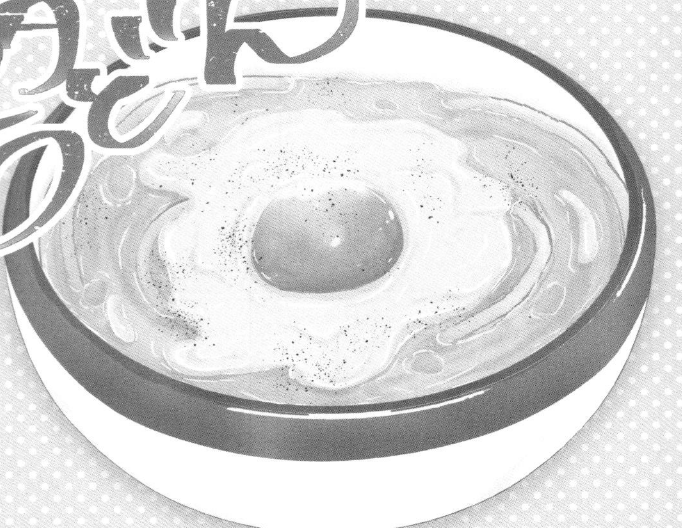

瀕死レベル 5

★★★★★

**材料（一人前）**

- コーンポタージュ（パック）…250ml
- コンソメ（顆粒）…小さじ2
- バター…8g
- ゆでうどん…1玉
- 塩…少々
- 卵黄…1個分
- ピザ用チーズ（またはとろけるチーズ）…お好み
- ブラックペッパー…お好み

ポタージュは
かぼちゃでも
おいしいです～

**作り方**

① 鍋にコーンポタージュ、コンソメとバターを入れて中火にかける。

② 沸騰したらうどんと塩を入れ、ゆで上がったらスープごと器に移し、
卵黄とブラックペッパー、チーズをかけたら完成。

# カプレーゼサンド

食パンでむっちりやみつき!

今回使う材料はコレ。
トマト
モッツアレラ
食パン
大葉
あとはオリーブオイルとチューブにんにく、塩～～
まずはトマトとチーズをスライス。
チーズはモッツァレラを使うとむっちり食感に。スライスチーズでも手軽に作れます！
水に入ってるチーズ～
大葉はキッチンバサミで千切りにして、オリーブオイル、にんにく、塩と一緒に混ぜてソースを作っておく。
ここで食パン！
ふかっ
ふかっ
厚さはお好みのものでOK～
私は5枚切り～
食パンそれぞれにオリーブオイルのソースを塗ったら、
こっちはトマト
こっちはチーズ！
ブラックペッパーを振ってトースト。
焼き上がったら重ね合わせて軽くプレスする～
ぎゅっ

食べやすくカットしたら
「むっちりやみつき！和風カプレーゼサンド」完成！
サクッむちっとしてうま～
モッツァレラのむちむち食感とジューシーなトマトがたまらん～！
それに大葉とにんにくの香りが
チーズがとろぉ～
口いっぱいに広がってリッチな感じ！
これでお腹いっぱいになるから
チーズがよくのびる。
みょ～～ん
休日のブランチにはもってこいやなぁ～！
はぁ～
おいしかった…
ほぁ～っ
たまには寝起きからぜいたくもいいなぁ…
おいしいごはん食べたし！
今日はいい日になりそう～！
のび～

# むっちりやみつき！ 和風カプレーゼサンド

瀕死レベル 4

★★★★

**材料（一人前）**

- ● トマト（中サイズ）…1/2個
- ● モッツァレラチーズ…1/2個
  （またはスライスチーズ2枚）
- ● 大葉…2枚
- ☆ オリーブオイル…大さじ2
- ☆ チューブにんにく…小さじ1
- ☆ 塩…少々
- ● 食パン…2枚
- ● ブラックペッパー…お好み

イングリッシュマフィンやフランスパンに挟んでもおいしいです！
オシャレ〜

**作り方**

① トマトとチーズを1㎝幅にスライスしておく。

② 大葉をキッチンバサミで千切りにし、☆と混ぜる。

③ 2枚の食パンにそれぞれ②を塗り、片方にトマト、片方にチーズをのせ、ブラックペッパーを振ったら焦げ目がつくまでトーストする（スライスチーズの場合は両方に1枚ずつのせる）。

④ 焼けたらトマト側にチーズ側をのせ、手で軽くプレスする。

⑤ 食べやすくカットしたら完成。

# コンビニで貝めし

うまみのビッグウェーブ！

あっ
いらない物も 買う。
て～ん
何コレ～ おいしそう！
そしてコンビニの新商品は 試さずにはいられない。
これで 炊き込み 作ってみよ～！
とは言え
めんどくさいことは したくない。
今日は時間も遅いし、 サッと作れる 炊き込みご飯に しま～す。
材料
寄せ鍋ポーション
あかにし貝
貝ひも
水
材料は米と水以外 すべてコンビニで！
まず、米を研いで普段通りの 水の量で5分置く。
時間があるなら 5分以上 置いてもOK つけ置きしないと ガリガリの米に なります…
前は私もよく ガリガリに してた…
つけるの 知らなかった…
つけ置いた米にあかにし貝、 貝ひもを入れる。
あかにし貝
貝ひも
たまに 真珠が入ってくる らしいよ。

そして味付けは鍋ポーション！
一人分のやつ〜！
私はいつも使ってます
これを使うだけでおいしい炊き込みご飯が勝手にできちゃう！
保温
普通炊飯
すべて入れたら軽く混ぜて、普通炊飯。
炊き上がったら全体をよく混ぜて、
ほんわか
磯のかおり
「うまみのビッグウェーブ！コンビニで貝めし」完成！
どれどれ？
んんっ!! 貝のうまみがすご———っ!!
変な磯くささがまったくなくて食べやすい！
２種類の貝の食感が違っていいなぁ！これがコンビニ材料だけでできるとは！
余ったご飯はおにぎりにして次の日に食べるとより味が染みてうまみアップですよ〜
炊き込みのおにぎり大好き…

# うまみのビッグウェーブ！
# コンビニで貝めし

瀕死レベル 4

★★★★

## 材料（作りやすい分量）

- 米…2合
- 寄せ鍋ポーション…1個
- おつまみ用あかにし貝…1パック
- 焼きホタテ貝ひも…1袋（20g）

## 作り方

① 米を研いで分量通りの水を入れて5分置く。

② 寄せ鍋ポーション、あかにし貝、
貝ひもをすべて入れて軽く混ぜ、普通に炊飯する。

③ 炊き上がったらよく混ぜて完成。

炊飯はお急ぎモードでも大丈夫です！
炊飯器は友達。

# 塩ラーメン×ラタトゥイユ

夏野菜たっぷり！

ストックの塩ラーメンもあるし
野菜もちびっとあるし〜
今日はちょっと体に良いラーメンにしよう。
まずは材料を切る。
先入れ
玉ねぎ
2cm角
ウインナーは輪切り
後入れ
ピーマン
半月切り
ナス
これを初めにやると後がラクラク!
分けておく
もう包丁とまな板は片付けていいです!
そして取り出したるは耐熱容器!
私はいつもタッパーです
ぱぱーんっ
耐熱容器に玉ねぎとウインナー、トマト缶と調味料を入れてレンジで7分加熱。
ラーメンスープが味付けしてくれます〜
●玉ねぎ
●ウインナー
●トマト缶
●水
●コンソメ
●ラーメンスープ
余ると困るもんね〜
同時に鍋に水を入れて火にかけておき、
ゆでられたらヨシ。
お湯はあとで捨てるのでテキトーでいいです。
加熱した玉ねぎが柔らかくなったらナスとピーマンを追加してさらに5分加熱。
これでラタトゥイユは完成!

お湯が沸いたら
麺を表示時間より1分短くゆでる。
塩ラーメン
アツアツの野菜と混ぜるのでのびないように短めにゆでます!
麺がゆで上がったらザルに上げて水気をきって麺を皿に盛る。
……。
ちゃっ
ちゃっ
面をとれ。
そしてチンした野菜をのせて
リノベーション！
スライスチーズをトッピングするのもオススメです〜
「不健康とは言わせない! 塩ラーラタトゥイユ」完成!
おぉ〜合う! 野菜の甘みとトマト缶の相性はさることながら、
ラーメンスープの味がほんのりとしてラーメンってことを忘れさせない感じ!
麺がよく絡む〜!!
フォークで食べるラーメンだわ!
1回目の加熱前にズッキーニを入れてちょっと長く加熱するのもおいしいですよん。
ちゅる
ちゅる
時短のために今回はなし。

# 不健康とは言わせない！塩ラーラタトゥイユ

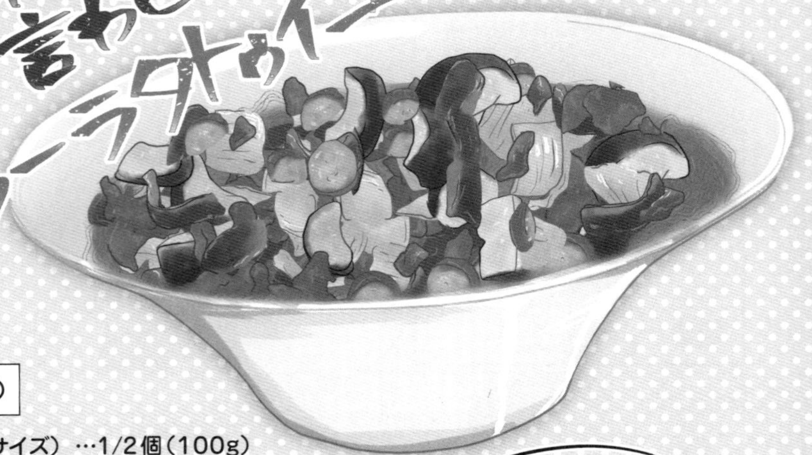

## 材料（一人前）

- ●　玉ねぎ（中サイズ）…1/2個（100g）
- ●　ウインナー…2本（40g）
- ●　ナス…1本（100g）
- ●　ピーマン…1個（35g）
- ☆　トマト缶（ダイス）…1/2缶（200g）
- ☆　水…100ml
- ☆　コンソメ（顆粒）…小さじ2
- ☆　インスタントラーメン（塩）のスープ…1袋
- ●　インスタントラーメン（塩）…1袋

## 作り方

① 玉ねぎを2cm角、ウインナーは2cm幅の輪切り、
ナス、ピーマンを3cm幅の半月切りにしておく。

② 耐熱容器に玉ねぎ、ウインナーと☆を入れて混ぜ、
ふんわりとラップをして電子レンジ500Wで7分加熱。
同時に鍋に水を入れて火にかける。

③ 玉ねぎが柔らかくなったらナス、ピーマンを入れて
電子レンジ500Wでさらに5分加熱。

④ 鍋のお湯が沸騰したら麺を表示より1分短くゆで、
ザルに上げて水気をきり器に盛る。

⑤ ③の野菜に熱が通ったら麺にのせて完成。

瀕死レベル

3

★★★

うまかけん!

# 佐賀んシシリアンライス

む…
さすが喫茶店メニュー…
親しみやすい味で
家でも作れるな…
ぱく
ぱく
うま
うま
回想おわり——!!
それから3年帰省せず…
そろそろ恋しい故郷の味…
ってなわけで、
作ってみよう
シシリアンライス!
材料。こんだけ〜〜
和風ドレ
焼肉たれ
ごはん
マヨネーズ
トマト
牛肉
きゅうり
カットサラダ
お店によって違うけど、
今回はシンプルな材料で!
まず焼肉のタレに
牛肉を漬けておく。
たれは中辛か
辛口がオススメ。
小さめのボウルで
しっかり漬けます。
ひたひたひた〜
漬けている間に
きゅうりを乱切り、
トマトをくし形切りに。
トマトは
プチトマトでも
いいです〜
この乱切りきゅうりが
食べる時にガリガリと
とてもいいアクセントになります〜
温かいご飯の上に
カットサラダをのせて
ドレッシングをかける。
たらーり
ご飯に染みても大丈夫
意外に合います〜
牛肉を焼き、
火が通ったらサラダの上へ
ジュウウウ〜

きゅうり、トマトを盛りつけて～
仕上げはマヨネーズ！余裕があればラップに包んで細く出します～
ぷりーんっ
つまようじで穴をあけて出す。
細～く網状にかけたらオシャンティ～
にゅ～ん
「うまかけん!! 佐賀んシシリアンライス」完成！
おしゃ～ん
ご飯とサラダ、お肉でパンチが効いてるかと思えばさっぱり！
まさに三味一体！オシャレなのに肉と野菜でスタミナ飯。おいしくないわけがない！
見た目もカラフルでカフェライク。もちろん食べ盛り男子にもオススメです。
久しぶりに帰ろかね～
よかとこ佐賀

# うまかけん!! 佐賀んシシリアンライス

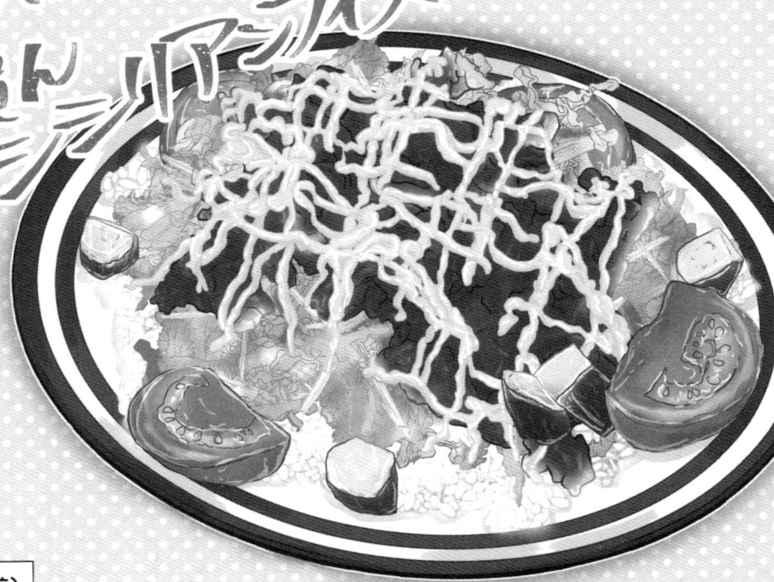

瀕死レベル

2

☆☆

### 材料（一人前）

- ご飯…茶碗軽く1杯
- 牛こま切れ肉…100g
- 焼肉のタレ（中辛または辛口）…大さじ3
- 好きなカットサラダ…ひとつかみ
- 和風ドレッシング…大さじ1
- きゅうり…1/2本
- トマト…小さめ1個
- マヨネーズ…大さじ1

カットサラダは
コンビニにあるものの半分の量
くらいがベスト。
カラフルなものだと
見た目もきれいです〜!

### 作り方

① 焼肉のタレに牛肉を漬けておく。

② きゅうりを一口サイズの乱切り、トマトをくし形切りにする。

③ 温かいご飯を皿に盛り、カットサラダを上にのせ
ドレッシングを全体にかける。

④ 牛肉を強火で焼き、火が通ったらサラダの上に盛りつける。

⑤ きゅうり、トマトを盛りつけ、マヨネーズをラップに包んで
つまようじで穴をあけ、網状にかけたら完成。

# サンラータンのおじや

# オマケ1ページレシピ

コンビニのフリーズドライスープは
神〜〜！
プルコギのにんにくの芽が
アクセント！

**作り方**

① 冷凍プルコギをレンジで解凍する。

② 丼にご飯をよそってプルコギ、
フリーズドライのサンラータンスープをのせて、
お湯160mlをかけたら完成！

どちらもセブンイレブンにある商品〜
牛プルコギ
酸辣湯スープ

# 2 白飯と合わせて！
# おかず編

# エリチリ

エビなしで衝撃のウマさ!

エビよ…
見損なったぞ…
なぜこんなに働いても
お前は高いままなのだ…
エビよ！
高いお前は
また今度！
今日は
エリ(ンギ)に
浮気する！
エリーンギ！
きのこは価格も安定してて
何にしてもおいしく
食べられる救世主。
お安〜い
まず、エリンギを輪切りにして
片栗粉をまぶす。
2〜3cm幅に切る。
カサは2〜4等分に。
ビニール袋に
入れて振るだけで
OKです！
汚れない!
ザササ〜ッ
フライパンにごま油をひき、
エリンギを炒める。
じゅうじゅう〜〜
エリンギに焦げ目が
ついたら刻みネギを投入。
軽く塩こしょうで味付け。
ネギは玉ねぎの
薄切りでも大丈夫です〜

そして
お待ちかねの
ソース
このソース、
きのこ、エビはもちろん
お肉にも使えます〜
●ケチャップ
●酒
●みりん
●チューブにんにく
●チューブしょうが
●豆板醤
●水
ソースを入れて、
とろみがついたら
「ふわふわ！
エリチリ」
完成！
はぐっ
んんっ
ふっわ
ふわぁ〜〜！
すごいっ！
片栗粉でつるっと
ふわふわのエリンギと
ネギがしゃきっとして
ナニコレ
うんま〜〜
ピリリと辛いソースが
絡んで新食感〜！
エビチリよりソフトだ〜〜〜！
つるっとふわふわ
エリチリでもう
エビいらず…？
エビも
いいけど
ヘルシーだから
一緒にご飯食べても
罪悪感が
少ない〜〜

# ふわふわ！エリチリ

## 材料（一人前）

- ● エリンギ…1パック（中サイズ2〜3本）
- ● 片栗粉…大さじ1
- ● 刻みネギ…ひとつかみ
- ● ごま油…大さじ3
- ● 塩、こしょう…各少々
- ☆ ケチャップ…大さじ3
- ☆ 酒…小さじ1
- ☆ みりん…小さじ1
- ☆ チューブにんにく…2㎝
- ☆ チューブしょうが…2㎝
- ☆ 豆板醤…小さじ1
- ☆ 水…大さじ1

辛さは豆板醤で調節してください！
入れなければ ほんのり甘い
ケチャップ炒めになります〜
お子様用と分けられる〜

## 作り方

① エリンギを輪切りにして片栗粉をまぶす。

② フライパンにごま油をひき、エリンギを炒めて焦げ目がついたらネギを入れ、塩こしょうをする。

③ ☆を入れて炒め、とろみがついたら完成。

瀕死レベル 5

★★★★★

# コンビニでイカセロリ炒め

香味パワーで復活!

そうとなれば
ご飯作ってチャージだわ!
でーんっ
オールコンビニ食材〜っ
にんにくしょうゆ
今日のメインはこれ!
まずは材料をキッチンバサミでカット。
ころころころころ
それを強火で炒める。
じゃっ
ある程度炒めたらしょう油を。
ちゃあああっ
あ〜このしょう油の香りに癒される〜!
アロマ
もわぁ〜〜ん

皿に移して
マヨと一味をかけたら
「クセになる！
イカとセロリの
スタミナ炒め」
完成！
ばんっ
ばばんっ
人間、
腹が減っては
気持ちも滅入る…
ぱくっ
あっ…
うまぁ～！
香ばしい！
はわ～～
イカとにんにく、
しょう油で
ガツンとくるのを
セロリの瑞々しさが
上手く中和して爽やか～！
ていうか
おいしくないわけ
ないよねこの組み合わせ！
……お酒を
飲みながらの
愚痴はよくない
らしいけど…
くぴっ
もうこれ食べたら
気がすんだからいっか～！
嫌な出来事は、
誰かに相談する前に
胃袋に相談するのも
アリかも…⁉
♪～

# クセになる！イカとセロリのスタミナ炒め

瀕死レベル 5

★★★★★

**材料（作りやすい分量）**

- ● おつまみ用焼きイカ…60g
- ● カットセロリ…100g
- ● にんにくしょう油漬け…4～5かけ
- ● サラダ油…小さじ1
- ● しょう油…大さじ1
- ☆ マヨネーズ…お好み
- ☆ 一味唐辛子…お好み

セロリの代わりに
長芋でもオススメ～
コンビニに
カップで
売ってるやつ…


**作り方**

① 焼きイカとセロリをキッチンバサミで3～4㎝幅、にんにくは5㎜幅に切る。

② サラダ油をひいたフライパンに①を入れて強火で炒め、
全体が温まったらしょう油を入れて焦がしながら炒める。

③ イカに焦げ目がついて香ばしい香りになったら皿に移し、お好みで☆をかけて完成。

# にら納豆ピザでビールがすすむ

包丁も火も使わない!

面倒だから今日は包丁じゃなく
キッチンバサミ!
そして材料は冷蔵庫にあるもので!
ピザ用
ピザ用チーズ
にら
油あげ
油あげ
納豆
まずはにらをハサミで切って、納豆と混ぜておく
にちにち
ぐるぐる
油あげも食べやすいサイズに切って〜
ちょきん
今回は油抜きしない〜
その上ににら納豆とピザ用チーズ
のせ
のせっ
そしたらトースターへ!
ジジジ…
チーズに焦げ目がついたら
「アゲアゲ!にら納豆ピザ」完成〜!
ねばさくっ

ん～～！
カリッ!!
カリッと油あげ、うまぁ～！
ねば～～～んっ
にらの香りがチーズのうまみを最大限に引き立てる…！
とろねば～っ
ん～なるほど…
もぎゅもぎゅ
なるほどなるほど？
すくっ
ガチャ
ぷはぁ～～！
これは最高にビールが合う味!!
風邪もにらとアルコールで治りそう!!
テキトー
ゴッゴッゴッ
冷蔵庫に忘れがちな
納豆で作る
油あげピザ。
おつまみにも
ちょっと一品にも
オススメです～！

# アガアガ！にら納豆ピザ

瀕死レベル 5

★★★★★

**材料（作りやすい分量）**

- にら…20g（2〜3本）
- 納豆…1パック
- 油あげ（うすあげ、広めのもの）…100g（1枚）
- ピザ用チーズ…お好み

**作り方**

① にらをキッチンバサミで5㎜幅に切って、納豆と付属のタレ、からしと混ぜておく。

② 油あげをキッチンバサミで食べやすいサイズに切り、①をのせてチーズをかける。

③ トースターでチーズに焦げ目がつき、油あげがカリッとするまで焼いたら完成。

にらの代わりにめんたいこやしらすを入れてもおいしいです〜！
もちろんにら抜きでも〜

# はんぺんピカタ

卵×バター×チーズのとろける旨さ!

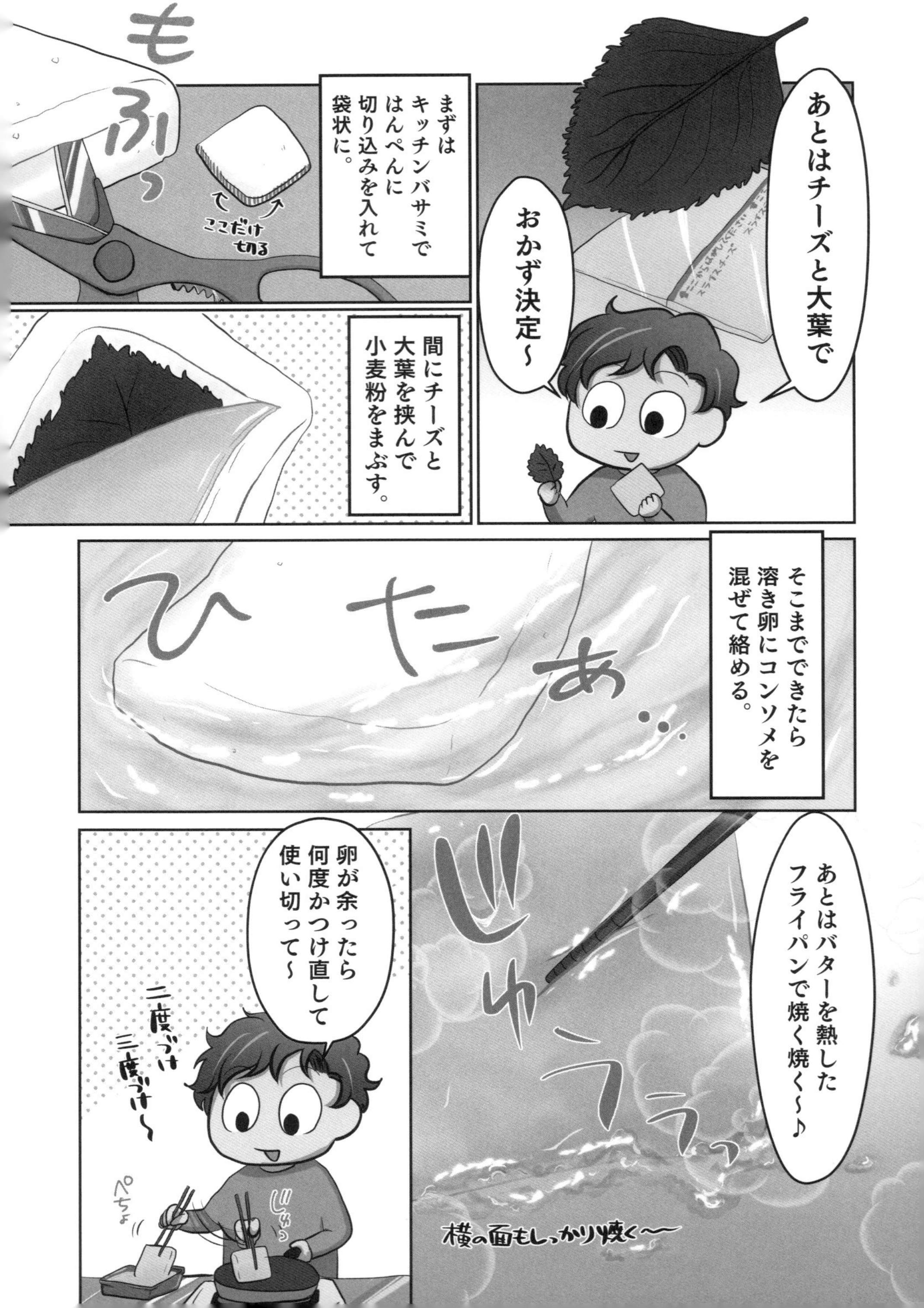
あとはチーズと大葉で
おかず決定〜
まずはキッチンバサミではんぺんに切り込みを入れて袋状に。
もふっ
ここだけ切る
間にチーズと大葉を挟んで小麦粉をまぶす。
そこまでできたら溶き卵にコンソメを混ぜて絡める。
ひたぁ…
あとはバターを熱したフライパンで焼く焼く〜♪
じゅううっ
横の面もしっかり焼く〜
卵が余ったら何度かつけ直して使い切って〜
二度づけ
三度づけ〜
ぺちょ
じゅっ

郵 便 は が き

料金受取人払郵便

代々木局承認

6948

差出有効期間
2020年11月9日
まで

1 5 1 8 7 9 0

203

東京都渋谷区千駄ヶ谷 4 - 9 - 7

(株) 幻 冬 舎

書籍編集部宛

1518790203

| | |
|---|---|
| ご住所 〒<br>都・道<br>府・県 | |
| | フリガナ<br>お名前 |
| メール | |

インターネットでも回答を受け付けております
http://www.gentosha.co.jp/e/

裏面のご感想を広告等、書籍の PR に使わせていただく場合がございます。

幻冬舎より、著者に関する新しいお知らせ・小社および関連会社、広告主からのご案内を送付することがあります。不要の場合は右の欄にレ印をご記入ください。 不要 □

本書をお買い上げいただき、誠にありがとうございました。
質問にお答えいただけたら幸いです。

◎ご購入いただいた本のタイトルをご記入ください。

『　　　　　　　　　　　　　　　　　　　　　　　　　　　』

★著者へのメッセージ、または本書のご感想をお書きください。

●本書をお求めになった動機は？

①著者が好きだから　②タイトルにひかれて　③テーマにひかれて
④カバーにひかれて　⑤帯のコピーにひかれて　⑥新聞で見て
⑦インターネットで知って　⑧売れてるから／話題だから
⑨役に立ちそうだから

| 生年月日　西暦　　年　　月　　日（　　歳）男・女 | | | | |
|---|---|---|---|---|
| ご職業 | ①学生 | ②教員・研究職 | ③公務員 | ④農林漁業 |
| | ⑤専門・技術職 | ⑥自由業 | ⑦自営業 | ⑧会社役員 |
| | ⑨会社員 | ⑩専業主夫・主婦 | ⑪パート・アルバイト | |
| | ⑫無職 | ⑬その他（　　　　　） | | |

このハガキは差出有効期間を過ぎても料金受取人払でお送りいただけます。
ご記入いただきました個人情報については、許可なく他の目的で使用することはありません。ご協力ありがとうございました。

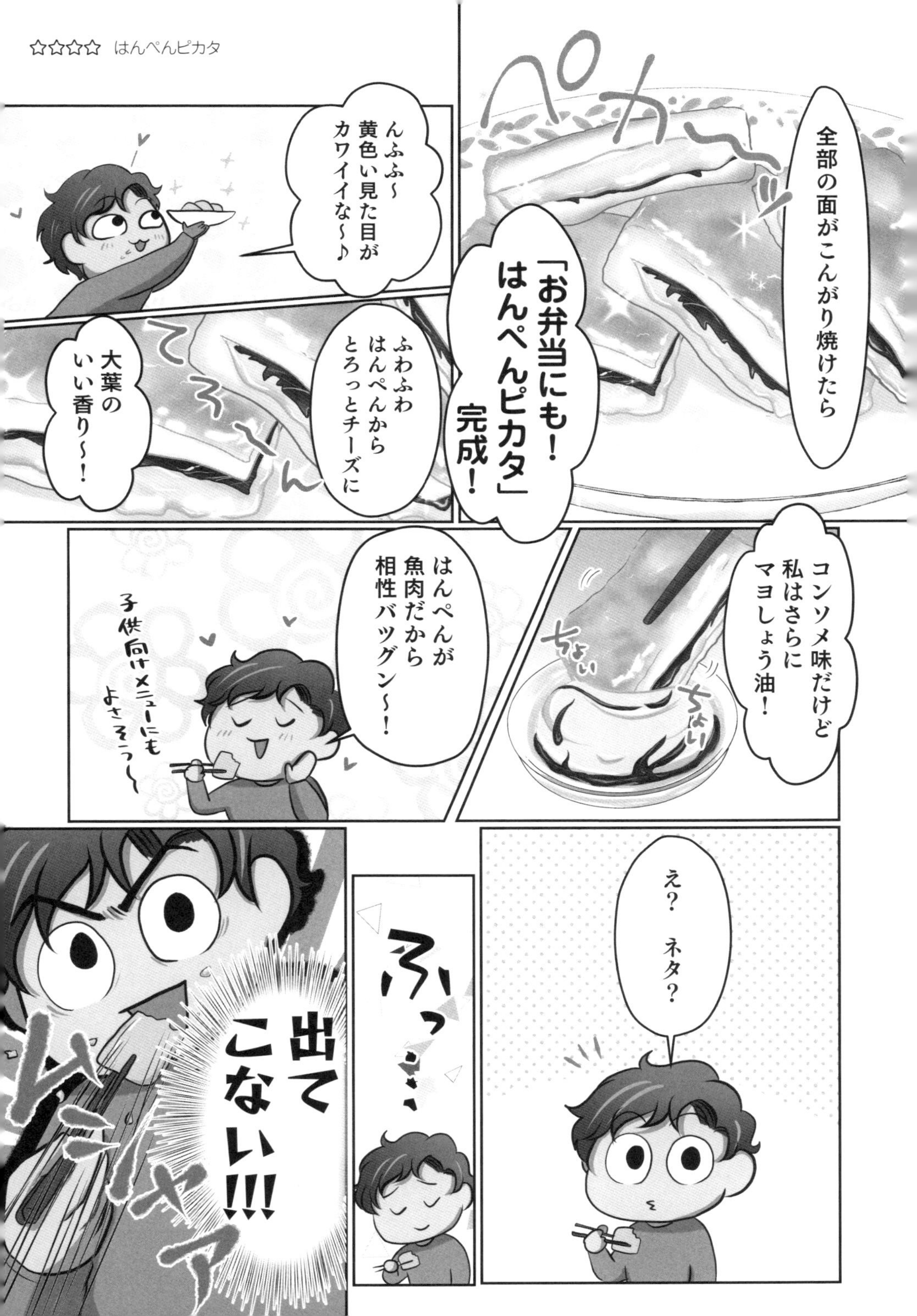
全部の面がこんがり焼けたら
ペカ～～ッ
「お弁当にも！はんぺんピカタ」完成！
んふふ～ 黄色い見た目がカワイイな～♪
ふわふわはんぺんからとろっとチーズに
てろ～ん
大葉のいい香り～！
コンソメ味だけど私はさらにマヨしょう油！
ちょい
ちょい
はんぺんが魚肉だから相性バツグン～！
子供向けメニューにもよさそう～
え？ ネタ？
ふっ…
出てこない!!!

# お弁当にも！
# はんぺんピカタ

瀕死レベル 4

★★★★

**材料（一人前）**

- はんぺん…1枚
- とろけるスライスチーズ…1枚
- 大葉…1枚
- 小麦粉…小さじ1
- 卵（M）…1個
- コンソメ（顆粒）…小さじ1/2
- バター…5g

しゃぶしゃぶ用の薄切りモチを入れてもオイシーです！
腹持ちもいい…
モチだけに…
切りもち

**作り方**

① キッチンバサミではんぺんの横から切り込みを入れ、2辺はそのままで袋状にする。

② 間にチーズ、大葉を挟み、小麦粉をまんべんなくまぶす。

③ 溶き卵にコンソメを混ぜ、②を絡めたら、バターを熱した中火のフライパンで全部の面を焼いて、食べやすくカットしたら完成。

# カリポリ肉みそ

超多忙時に最強の味方!

ん〜…明日も忙しいし…
む〜ん…
保存ができてアレンジも利くやつ…
あ、肉みそだ！
材料あるし〜っ！
肉みそを作りおきにしよっ！
ぱちん
じゃんっ！
よしっ！
ひき肉
たけのこ
くるみ
さくっと作るぞ〜！
まずはひき肉を酒でほぐしておく
まぜ
まぜ
たけのことくるみを大きめのみじん切りにし、
油は使わずにひき肉と一緒に炒める。
じゅわわ
ひき肉から出た油をキッチンペーパーで吸い取って、
ある程度油を取らないとくさみが出るから〜
ちょい
ちょい
今回の調味料は2種類のみ！
すき焼のたれ
だし入りみそ

調味料が全体に馴染んだら
完成！「最強作りおき！カリポリ肉みそ」！
これ、温かい汁なしうどんにのせたり、パスタのソースにしたり
うどんに。
パスタに。
トーストに。
いろいろアレンジできて便利なんだよね～！
あると助かる～
トーストはチーズのせがオススメ～
今回はシンプルに炊きたてご飯に！
モリッ
こってりでうんまぁ～！
カリポリッ
たけのことくるみの食感がクセになる～！
みそがまとめ上手でご飯がススムんだよねぇ…
はぁ～
でも今日はここら辺でやめてシャワーだ…
んっ？
ほかほかっ
あっ。
ネームの〆切わざと早く設定してる!!
あ～！先々週の私でかした～！
余裕もって早めに設定しよ…
先々週のわたし
これでちょっとゆっくりできる…!!

# 最強作りおき！カリポリ肉みそ

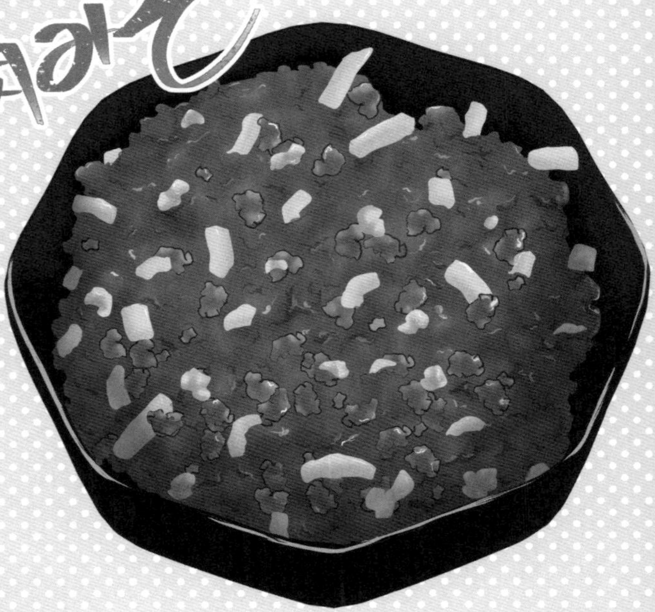

瀕死レベル 4

★★★★

**材料**（作りやすい分量）

- ● ひき肉（合挽）…150g
- ● 酒…大さじ1
- ● 水煮たけのこ（千切り）…100g
- ● くるみ（あれば）…20g
- ☆ すき焼きのタレ…大さじ2
- ☆ みそ…大さじ1

**作り方**

① ひき肉に酒をかけて箸でほぐしておく。

② たけのことくるみを大きめのみじん切りにして、
油をひかずに①と一緒にフライパンで中火で炒める。

③ ②で出た油をキッチンペーパーで吸い取り、☆を入れて全体に馴染んだら完成。

同量の鶏ひき肉で作るとさっぱり目に作れます〜
おサイフがさみしい時とかは鶏ひき肉を使う。

# さっぱり鶏ザーサイ

飲み会で疲れた胃にも!

体調も良くなってきたし…
むくっ
ちょっとさっぱりめなものが食べたいな〜
冷蔵庫には…
ささみ
ザーサイ
あときゅうりもあるし、鶏ザーサイかな
ふむ…
そうとなれば、きゅうりを細切りにして、
ビニール袋に入れて塩もみ!
もみ
もみ〜
鶏肉ってゆでると意外と時間かかるから
ブーン…
チンするのが早くていいんだよね〜
きゅうりを休ませてる間に、
耐熱容器にささみを入れ、酒をふって電子レンジへ。
うん
ちゃんと熱入ってる
まだ生だったらこのまま再加熱してね〜
加熱したら冷水で冷やして小さく割く。
むしっ…
ささみと軽くしぼったきゅうりをさっきと同じ耐熱容器に入れる。
容器に酒が残ってたら軽くふき取っておく。
そしてザーサイ
コンビニのパウチのやつ。
これと調味料を入れてフタをしたら〜
●ごま油
●鶏がらスープの素
●ブラックペッパー

そう!
Shake
振る!
ジャカカカカ
Shake!
この調理法は
まんべんなく
調味料が行き渡って
混ざるのでオススメです〜
全身でフリフリ〜
混ざったら
お皿に移して
完成!
「これで満足!
鶏ザーサイ」!
んん〜ー!
きゅうりとザーサイが
パリパリポリポリで
食感が楽しい!
ささみが入るから
おかず感があって
ご飯がススム〜!
ザーサイの食べ方って
いつも悩むけど
これは手軽に
作れるなぁ
ごちそーさま〜〜
いや〜二日酔いでも
サクッと作れるのは
いいけど
ちょっと飲みかた
気を付けないとな〜

# これぞ満足！鶏ザーサイ

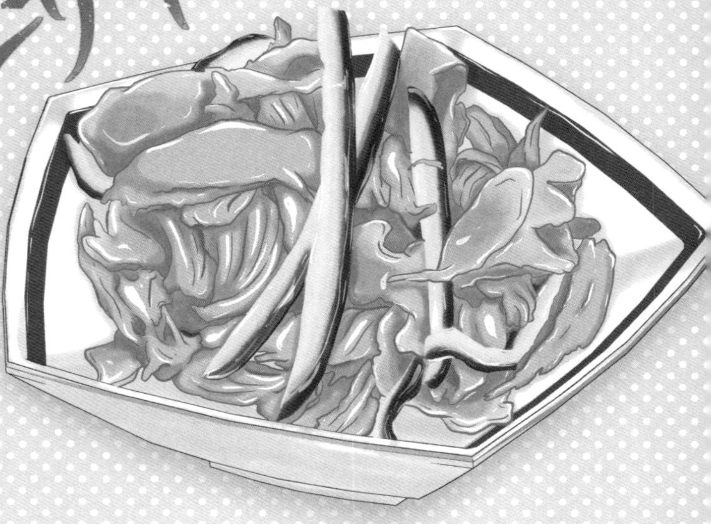

瀕死レベル 4

☆☆☆☆

**材料（作りやすい分量）**

- ● きゅうり…1/2本
- ● 塩…ひとつまみ
- ● ささみ…130g（2本）
- ● 酒…大さじ3
- ● ザーサイ（パウチ）…1袋
- ☆ ごま油…大さじ1
- ☆ 鶏がらスープの素…小さじ1
- ☆ ブラックペッパー…お好み

ザーサイは
食べやすく小さく切ってもOK。
冷やすとさらにウマ～！
ザーサイ

**作り方**

① きゅうりを細切りにしてビニール袋に入れ、塩もみをしておく。

② 耐熱容器にささみを入れて酒をふり、フタをしたら
電子レンジ500Wで4分加熱して、冷水で冷やす。

③ ②の耐熱容器に軽くしぼったきゅうりと細かく割いたささみ、
ザーサイ、☆を加えてフタをし、振り混ぜたら完成。

# オシャレな牛肉とセロリの赤ワイン煮

炊飯器だけで！

まず、玉ねぎとセロリを切る。
そして今回はカレー用の牛肉
さっぱり味わいたい時は脂身が少ないものを！
そして牛肉に塩とブラックペッパーをもみ込んでおく。
もーみもーみ
ビニール袋に入れてやると片付けがラク。
ここまでできたら炊飯釜！
じゃんっ
私は3合炊き使ってます〜
先に調味料と、
●バター
●みそ
●はちみつ
●しょう油
●ウスターソース
白米 おかゆ 全 5分 3 2 1 0.5 水
赤ワイン！
とく
とく
とく…
安いもので大丈夫。
コンビニのワインとか。
軽く混ぜたら材料を入れる。
セロリ
玉ねぎ
にく
ワインとセロリの水分でお肉を煮たいので・この順番〜。

おねがいしまーす!
そして炊飯!!!
ピッ
あとはほったらかし。
じゃあ私はお風呂いってきま〜す
ほか ほか
おっ!
できた〜っ!
ピーッ
お皿に盛ったら〜
アダルティ〜
完成!「炊飯器で大人味!牛肉とセロリの赤ワイン煮」!
これよこれ!
キャ〜♥
ほんのりワイン色に染まったセロリと
ほろっとした牛肉、深みのあるワインソース!
ワインの香りが
ふわあ…
あぁ〜おいしい…瀕死状態でもこんなにおいしいものがサッと作れるなんて…炊飯器様々やな…
見た目もオシャレでおいしい…
うっ うっ…

# 炊飯器で大人味！牛肉とセロリの赤ワイン煮

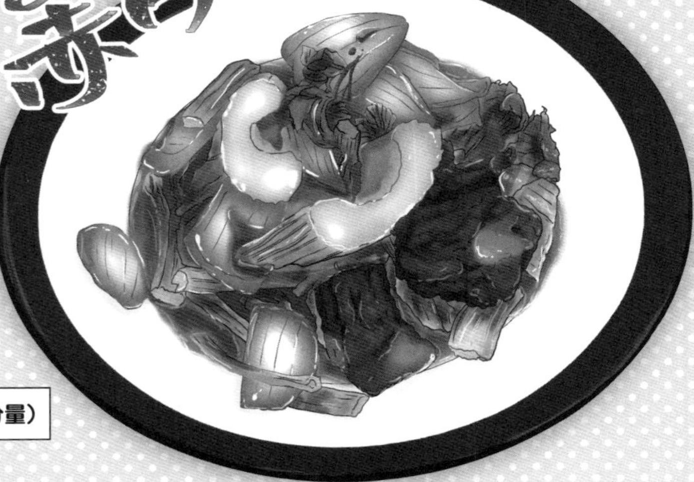

**材料（作りやすい分量）**

- ● 玉ねぎ…1/2個
- ● セロリ…1本
- ● 牛肉（カレー用）…150～200g
- ● 塩…少々
- ● ブラックペッパー…お好み
- ☆ バター…8g
- ☆ みそ…小さじ1
- ☆ はちみつ…小さじ2
- ☆ しょう油…小さじ2
- ☆ ウスターソース…小さじ2
- ☆ 赤ワイン…250ml（小さいビン1本）

牛肉は処理済の 牛スジでも おいしいです～
私はおでん用の スジを使ったりする。
おでん


**作り方**

① 玉ねぎを大きめのくし形切り、セロリは一口大の斜め切りにして牛肉に塩とブラックペッパーをもみ込んでおく。

② 炊飯釜に☆をすべて入れて混ぜ、①の材料を牛肉、玉ねぎ、セロリの順に入れて普通炊きで炊飯。

③ 炊き上がったら完成。

瀕死レベル 4

★★★★

# おひとりさまロールキャベツ

超スピードで煮こみ料理完成！

これこれっ！
しゅまいい
チルド
焼売
12個入り
これなら一人分サイズで作れますわ〜！
少量½カット〜
キャベツも少量サイズで十分だし、さっそく作っちゃお！
まずはキャベツ
焼売がちょうど包めるように半分にカット。
ゆでるのは面倒だから水に通して、
ザーあっ
ラップをしてレンジでチン
ラップでぐるぐる巻きっ
その間にコンソメスープ作り。
鍋でお湯を沸かして、コンソメ半分に切ったウインナーも！
さてキャベツは…
うん！イイ感じの柔らかさ！
しなぁっ

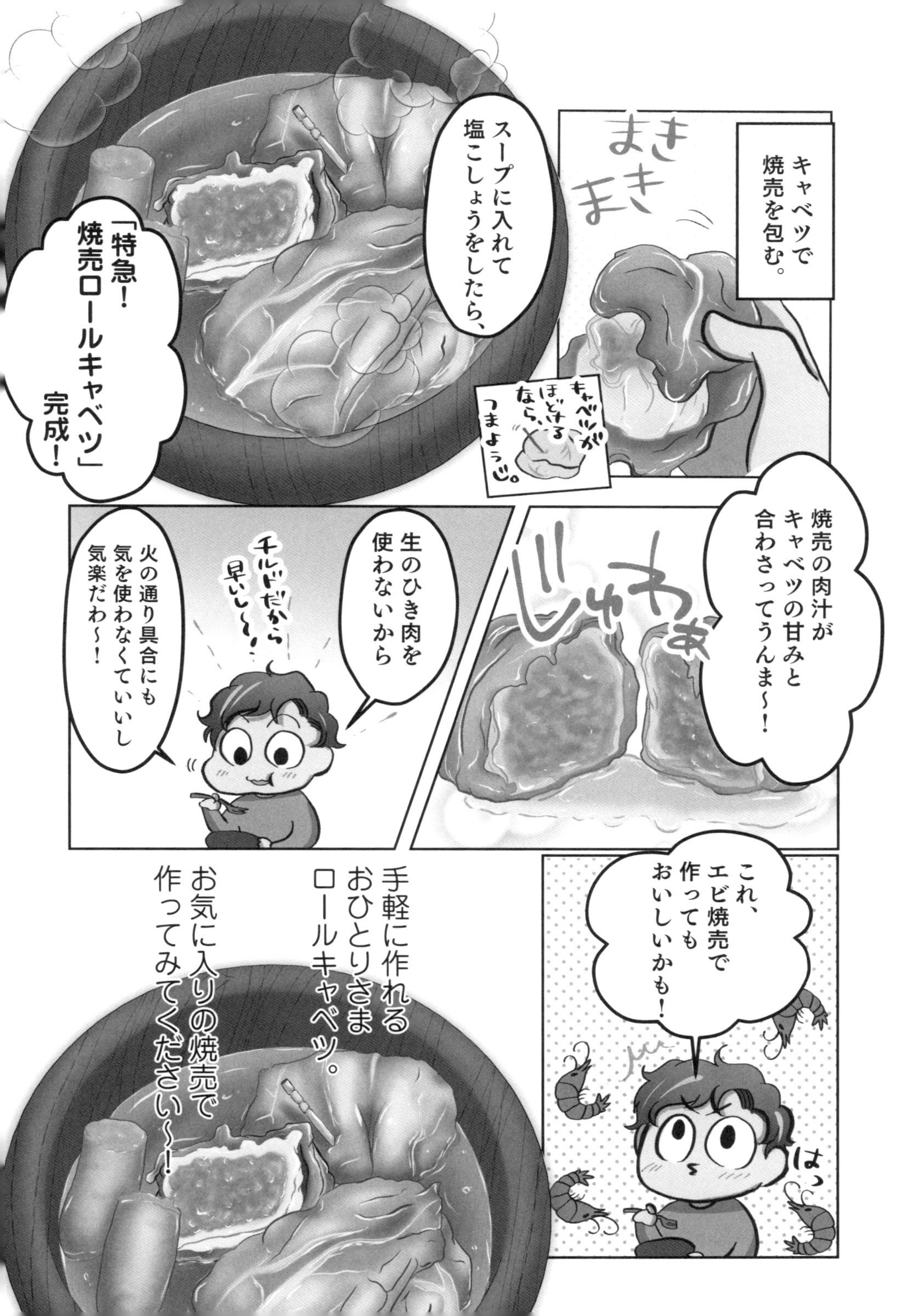
キャベツで焼売を包む。
まきまき
きゃべツがほどけるなら、つまようじ。
スープに入れて塩こしょうをしたら、
「特急！焼売ロールキャベツ」完成！
じゅわぁ
焼売の肉汁がキャベツの甘みと合わさってうんま〜！
生のひき肉を使わないから
チルドだから早いし〜！
火の通り具合にも気を使わなくていいし気楽だわ〜！
これ、エビ焼売で作ってもおいしいかも！
はっ
手軽に作れるおひとりさまロールキャベツ。
お気に入りの焼売で作ってみてください〜！

# 特急！焼売ロールキャベツ！

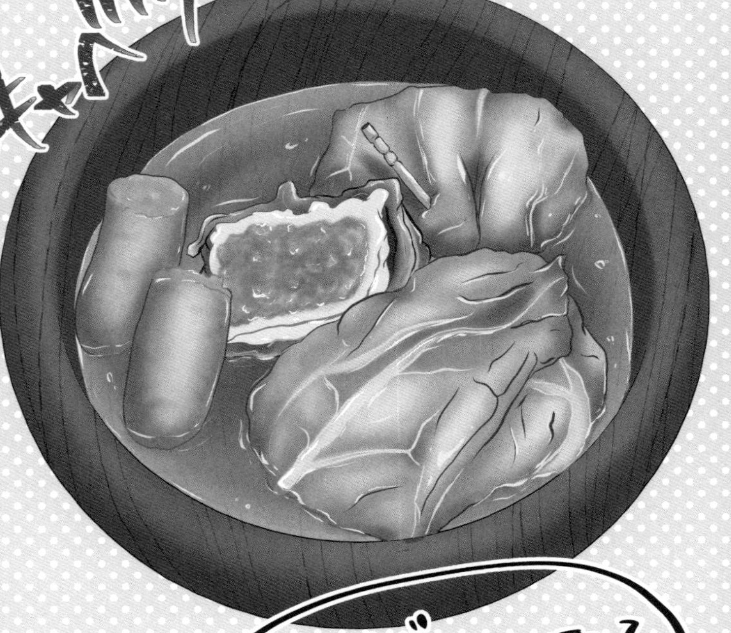

瀕死レベル

# 3

★★★

**材料**（一人前）

- キャベツ…50g（1/2カット2枚）
- 水…500ml
- ウインナー（あれば）…2本
- コンソメ…小さじ2
- 焼売（チルド）…4個
- 塩、こしょう…各少々

キャベツの芯が気になるなら、①で切り取って刻んでスープに入れてくださ〜い
捨てる所ナシ〜♪

**作り方**

① キャベツを半分に切り、軽く水（分量外）で濡らしてラップを巻いて、電子レンジ500Wで3分加熱。

② 鍋に水を入れて沸かし、半分に切ったウインナーとコンソメを入れる。

③ 焼売にキャベツを巻き（巻ききれなかったらつまようじで固定する）、②に入れる。塩こしょうで味を調えて煮立ったら完成。

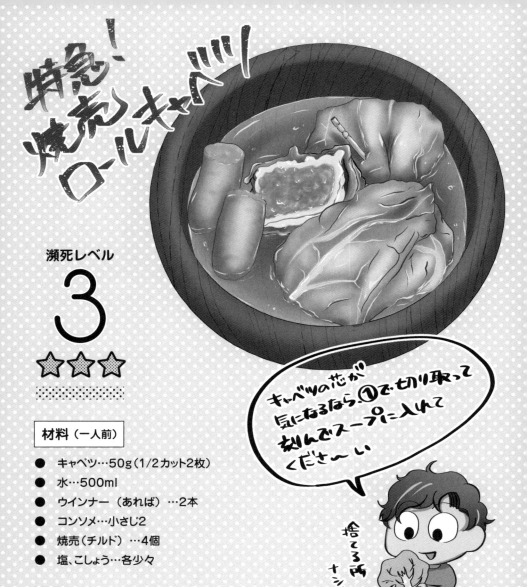

# 簡単ブリ大根

レンジでおふくろの味!?

——ってこと
あったよね～
あったあった！
あれ結局何の魚
やったんやろうね！
ボラかブリやない？
そういえばウチ、
今日ブリ照りにするよ
いいな～私も
ブリ食べたい
夕飯メニュー報告。
今から作る～
ん～じゃあ
またね～
さて、じゃあ私も
ブリ照り…
は、
火を使うのが面倒くさいし
大根があるから
ブリ大根にしようかな
電子レンジで
サッと作っちゃお
たーー
まず、ブリはトレーのまま
酒をかけておく。
お湯を沸かし、
その間に大根を切る。
お湯はポットで沸かしちゃう。
お湯が沸いたら
ザルに上げたブリに
さっとかける。
これで
くさみ消しは
完了～
ざあ

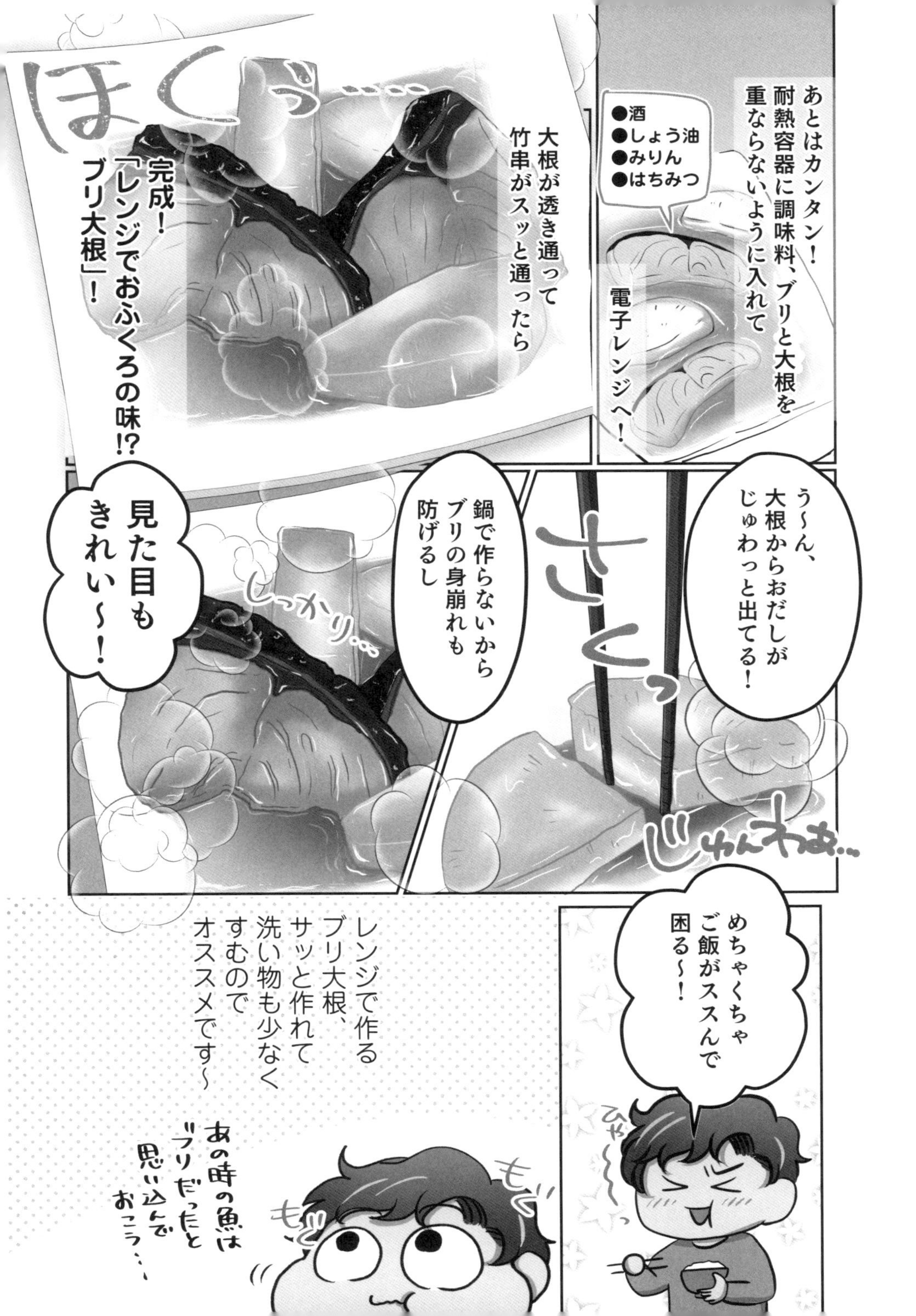
あとはカンタン！耐熱容器に調味料、ブリと大根を重ならないように入れて
●酒
●しょう油
●みりん
●はちみつ
電子レンジへ！
ほくぅ……
大根が透き通って竹串がスッと通ったら
完成！「レンジでおふくろの味!?ブリ大根」！
う〜ん、大根からおだしがじゅわっと出てる！
さくっ
じゅんわぁ…
鍋で作らないからブリの身崩れも防げるし
しっかり…
見た目もきれい〜！
めちゃくちゃご飯がススんで困る〜！
ひゃ〜〜っ
レンジで作るブリ大根、サッと作れて洗い物も少なくすむのでオススメです〜
もぐもぐ
あの時の魚は"ブリ"だったと思い込んでおこう…

# レンジでおふくろの味!? ブリ大根

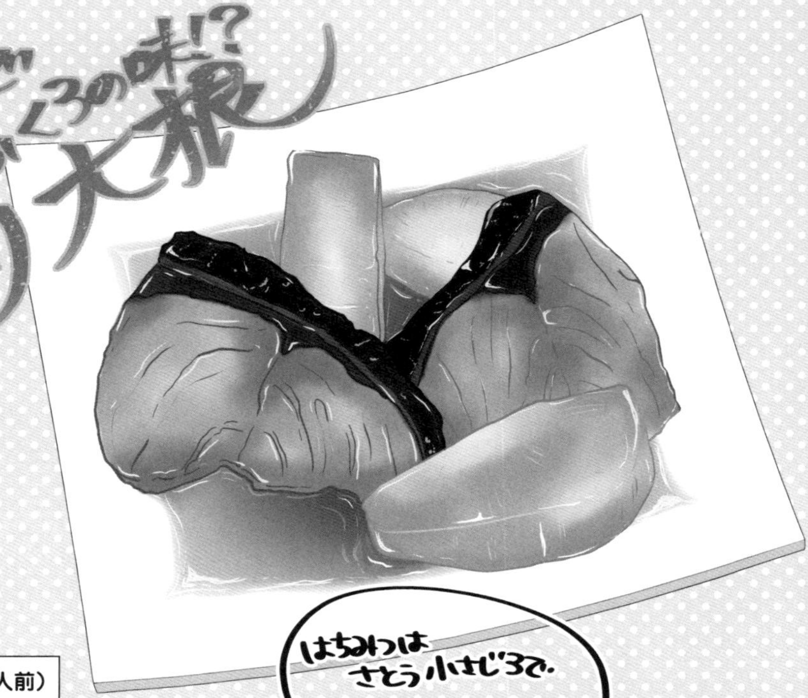

**材料（一人前）**

- ● ブリ切り身…2切れ（70g）
- ● 酒…適量
- ● お湯…500ml
- ● 大根…100g
- ☆ 酒…大さじ2
- ☆ しょう油…大さじ1
- ☆ みりん…大さじ1
- ☆ はちみつ…小さじ1

はちみつは
さとう小さじ3で
代用もできます〜

**作り方**

① ブリの切り身をトレーに入れたまま浸る程度まで酒をかけておき、お湯を沸かす。

② 大根の皮をむき、1㎝幅の半月切りにする。

③ ブリをザルに上げ、色が変わる程度にお湯をかける。

④ 耐熱容器に☆を入れ、重ならないようにブリと大根を入れたらフタをして電子レンジ500Wで6分加熱。

⑤ 大根が透き通って竹串がスッと通ったら完成。

**瀕死レベル**

**3**

☆☆☆

# サバ缶でミネストローネ

超手軽に栄養不足解消!

イラストレーター＝不健康。
そんなイメージがありませんか?
瀕死レベル3
人間ドックのおしらせ
ぴらっ…
私は
人間ドック…
うーん…
私も30代だし必要だよなぁ~…
ある。
会社員の時は健康診断あったけど…
フリーになってから行ってないし…
でも何より気になるのは…
甘いものがやめられない~…
食生活。
10代、20代にくらべて体の衰えを感じる今日この頃。
胃もたれ
肩こりー
オールもムリ…
二日酔い…
人間ドックの前に…
食生活の見直しやな…!

体にいい食べ物…
野菜や魚…
え〜〜でも魚さばくのめんどくさぁ〜！
三枚おろしできない〜
だって〜虫とか出たらやだぁ〜
ぷりぷり
やんやん
は…
缶詰や
ぴたっ
え〜と
あった！
国産さば水煮
そしてトマトジュースもみっけ〜
ミックスビーンズもあるし〜
あとはじゃがいも、にんじんと玉ねぎ！
初めに豆以外の野菜を1cm角に切ってオリーブオイルをひいた鍋で炒める。
玉ねぎが透き通ってきたら…
じゅう
ミックスビーンズそれとトマトジュースとコンソメ。
くつくつ

にゅ〜っ
コンソメが溶けたら
チューブにんにくを入れて〜
あ〜これだけでなんか体によさそう〜!
ぐーるぐーる
ここでサバ缶!
肉でなく魚なのが意識高いカンジ〜!!
国産さば水煮
サバ缶の水をきって入れ、塩とブラックペッパーで調えたら
おしゃん
「缶詰アレンジ!サバ・ミネストローネ」完成!
自画自賛〜
う〜んオシャレ!意識高い!
トマトジュースを使ったからまろやかだし
何よりサバと野菜の相性がいいなぁ〜!
う〜んま〜っ
ふぅ…
ま、また食べすぎてしまった…
はぁ〜
あれよね、おいしく食べることが何よりよね…
見た目にも体にもいいサバ・ミネストローネ。意識高め〜に試す価値アリです!

# 缶詰アレンジ！ サバミネストローネ

**材料（作りやすい分量）**

- ● じゃがいも…1個
- ● にんじん…1/2本
- ● 玉ねぎ…1/2個
- ● オリーブオイル…大さじ1
- ● ミックスビーンズ（パウチ）…1袋
- ● トマトジュース…190g（手のひらサイズの缶）
- ● コンソメ（顆粒）…小さじ2
- ● サバ水煮缶…1缶
- ● チューブにんにく…2㎝
- ☆ 塩…お好み
- ☆ ブラックペッパー…お好み

トマトジュースは無塩のものを使ってます。トマト缶を使う場合は水を100mlくらい入れて調整してください〜
トマト缶だと濃厚〜
TOMATO KAN


**瀕死レベル**

**3**

☆☆☆

**作り方**

① じゃがいも、にんじん、玉ねぎを1㎝角に切って、鍋にオリーブオイルをひき、中火で炒める。

② 玉ねぎが透き通ってきたらミックスビーンズとトマトジュース、コンソメを入れる。

③ コンソメが溶けたらチューブにんにくとサバ缶の水をきって鍋に入れ、☆で味を調え、野菜が柔らかくなったら完成。

# 鶏にんにくのケチャップ煮

ストレスをぶつけろ！

それは
こうするためだーー!!
ぶっす
鶏もも肉2分の1枚を数か所フォークで刺し、味が染みやすくする。
ぶすぶす
刺すと肉も柔らかくなる。
鶏肉にストレスをぶつけている
ぶすぶす
鶏肉に塩こしょうをして、一口大に切る。
フフ…塩こしょうが染みるだろう…？なに、すぅ～ぐお友達を作ってあげるから待っとくんだな…
アラサー女の一人芝居
……
しいたけを軸とカサに切り分け、カサを4等分に。
しいたけは肉厚のものがオススメです。
むっちり
小さい物なら個数を増やしてね。

コンソメは顆粒を小さじ2
固形1個を包丁で刻んでもOK。大体同じ分量です。
コンソメと調味料を耐熱容器に入れて混ぜ、しいたけ、鶏肉と混ぜ合わせる。
●ケチャップ
●砂糖
●ウスターソース
●酒
●にんにく
よーく混ぜる〜
しいたけの軸も入れちゃう。
にんにくは多めがオススメ。休みの前日だとレシピの倍入れたりしてます。
にんにく大好き。
飲みに行くとき、いつもにんにくの丸焼きを食べたいけどタイミングがわからない…
カラアゲ…
なにたべるて。
そしてふんわりとラップをかけ、電子レンジ500Wで7分加熱。
電子レンジ調理はラクやな〜
チーーン
鶏肉に熱が通ったら「ストレスをぶつけろ！鶏にんにくのケチャップ煮」の完成！
にんにくがほろ〜っ
鶏肉に竹串を刺して透明な肉汁が出たらOK！ちょっとピンクなら再加熱してね！
熱を加えたケチャップの甘みとコク、にんにくとしいたけがいい仕事をして鶏肉の味が引き立ってうま——っ！
ご飯のおかずにも、パスタソースにもおつまみにもオススメです！
3日連続食べた→
んまーしっ

# ストレスをぶつけろ！ 鶏にんにくのケチャップ煮

### 材料（一人前）

- ● 鶏もも肉…1/2枚（125～150g）
- ● しいたけ…2個
- ☆ ケチャップ…大さじ2
- ☆ 砂糖…小さじ2
- ☆ ウスターソース…小さじ1
- ☆ コンソメ（顆粒）…小さじ2
  （または固形コンソメ1個）
- ☆ 酒…大さじ1
- ☆ チューブにんにく…4㎝
- ● 塩、こしょう…各少々

鶏もも肉は
1枚250～300gと
してます～～
スーパーの1枚パックがそれくらい。

瀕死レベル

3

### 作り方

① 鶏もも肉をフォークで数か所刺し、塩こしょうをして一口大に切る。

② しいたけを軸とカサに分け、カサを4等分にする。

③ ☆を耐熱容器に入れ、鶏肉、しいたけ（軸ごと）と混ぜる
（固形コンソメの場合は包丁で刻む）。

④ ラップをふんわりとかけ、電子レンジ500Wで7分加熱。
鶏肉に熱が通ったら完成。

# オマケ1ページレシピ

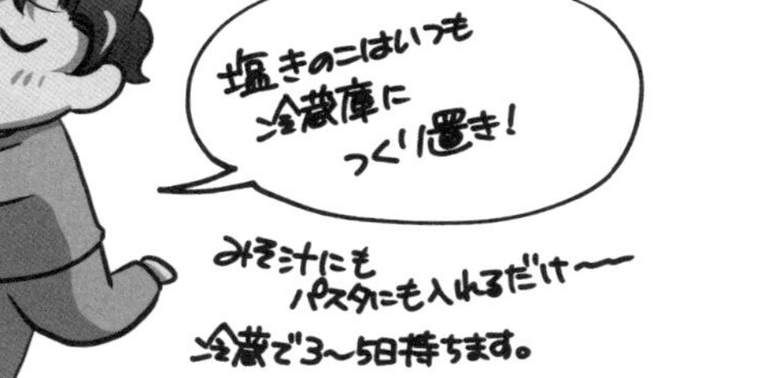


**作り方**

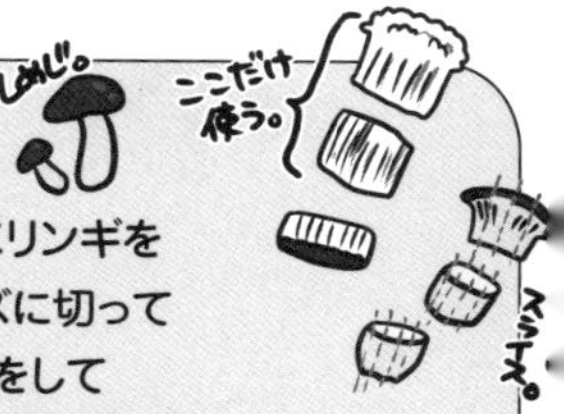


① しめじ、えのき、エリンギを食べやすいサイズに切ってふんわりとラップをして電子レンジ500Wで5分チン!

② きのこから出た水分を取り分け、きのこに塩小さじ1を混ぜたら完成!

**作り方**(2合分)

① 米を研いで通常通りの水を入れて5分置く。

② 塩きのこをひとつかみ、寄せ鍋ポーションを2個入れて普通に炊飯する。

③ 炊けたらよく混ぜて完成。

# 3 あともう一品！
# あったらうれしい副菜

# ざっくり豆サラダ

コンビニ食材！　包丁いらず！

合計805円になります。
雑誌わけますか？
はぁ〜〜〜い
ありがとうございました
フラ…
ガー
ねむい…
ヤギ…
カギ…
ゴソ
ゴソ…
瀕死レベル5
…？
アレ…？
ハッ！
雑誌のみ。
ガーン
買ったもの
忘れた…
2袋あったはず…
ひ〜ん

あ、
おず…
ハズカシー…
あの〜〜〜…
いらっしゃ…
あっ！よかった〜!!
ボーッとしてるとたまにやる、商品の受け取り忘れ。
どうしようかと思ったわ〜
いやー ボーッとしてて… すいません〜〜
今回忘れたのは…
ふー ただいま…
これこれ…
ミックスビーンズ
ガサッ
今日はね〜〜 何も考えたくないから このサラダだけ〜〜
ねむいの…
まず、サラダチキンをキッチンバサミで1㎝角に切る。
今回刃物を使うのはここだけ！
ラクラク〜
切ったチキンをフタ付き容器に入れてサラダビーンズとマヨネーズを入れる。
ミックスビーンズ

そしてこれ！たらこのパスタソース！
和風たらこ
買い置きしておくと便利なパスタソース。今回はマヨと混ぜてたらこマヨに！
材料をすべて入れたら
フタをして
パクン
振る
イイ感じに混ざったらのりをトッピングして、
「ざっくり作れる！豆サラダ」完成！
うまみが詰まったサラダチキンとほっくり食感の豆がたらことよく合う〜〜〜！
パスタソースだけだとしょっぱいけど
マヨを混ぜたから塩味がいい塩梅だわ！
一瞬でできる豆サラダ。余裕があればアボカドやセロリを入れても見た目がいいです〜
あ〜っ！おいしかった！
ぼふっ
あ〜〜イイ感じに眠れる〜

# ざっくり作れる！豆サラダ

瀕死レベル 5

★★★★★

パスタソースを
バジルソースに変えれば
オシャレ感マシマシ！
バジルソース

**材料（一人前）**

- ● サラダチキン（ガーリック）…1パック
- ☆ ミックスサラダビーンズ（パウチ）…1パック
- ☆ たらこパスタソース…1個
- ☆ マヨネーズ…大さじ1
- ● 刻みのり（パスタソースについてるもの）…1袋

**作り方**

① サラダチキンをキッチンバサミで1㎝角に切る。

② フタ付き容器にサラダチキンと☆を入れて振り混ぜる。

③ 混ざったら皿に盛り、刻みのりをかけたら完成。

# 超速！メンマとモヤシのしゃきしゃきナムル

ふー…また
ここからが
長い…
夜の電車は
おみやげの
においがするな…
肉まん…
あ〜おいしいにおい
嗅いだらお腹が…
そわ…
あ、コンビニ寄って
メンマとモヤシ買って帰ろう!
最近のコンビニは
野菜も売ってるから
便利だよね〜
ただいま〜
さすがに
つかれた〜
ふー…
遅く帰った
こんな夜は〜♪
じゃーんっ
メンマ
もやし
さっと作れる
ナムルに限る!
まずは鍋か
フライパンに
たっぷりの
水を入れて、
どさっ
すぐにモヤシ
水からゆでると
シャキッと感が
残るんだよね〜
沸騰して30秒したら
ザルに上げて
水気をきる。
ちゃっ
ちゃっ
モヤシの水気をきる間に
かさ増しのために
メンマを切る。
モヤシくらいの
太さに。

モヤシの水気がきれたら
メンマと一緒にボウルに移して
調味料と混ぜて～
●塩
●ごま油
●ブラックペッパー
●いりごま
●鶏がらスープの素
「クセになる！
メンマとモヤシのナムル」
完成～！
ん～～！
しゃき
しゃき
安定のうまさ！
ごま油が入ってるのに
メンマとモヤシが
しゃきしゃきで
瑞々しい～！
シンプルなのに
ご飯が
ススムんだよね～!!
ふ～落ち着いた…
あ、
帰ってきたって
連絡しとこ！
遅くに帰宅した時に
最適なメンマと
モヤシのナムル。
冷やしてラーメンの具や
おつまみにも最適です！
帰ったよ～！
おかえり！

# クセになる！メンマとモヤシのナムル

瀕死レベル 5

★★★★★

**材料（作りやすい分量）**

- ● 味付きメンマ（パウチ）…1袋
- ● モヤシ…1袋
- ☆ 塩…ひとつまみ
- ☆ ごま油…大さじ1
- ☆ ブラックペッパー…お好み
- ☆ いりごま（白）…小さじ1
- ☆ 鶏がらスープの素…小さじ1/2

冷やすと味がよりハッキリして
おいしいです！
たくさん作って常備菜にも～！
週末のつくり置きにオススメ！

**作り方**

① 鍋またはフライパンにたっぷりの水を入れ、モヤシを水からゆでる。

② 味付きメンマの汁をきって、モヤシくらいの細さに切る。

③ ①が沸騰して30秒したらザルに上げて、水気をきる。

④ ③のモヤシをメンマと合わせ、☆の調味料と混ぜたら完成。

# ほうれん草とアボカドのおひたし

そこでオススメの貧血対策レシピ！
アボカドとほうれん草〜っ
瀕死状態でもサッと作れます〜
ほうれん草に含まれる鉄はタンパク質、ビタミンCと一緒にとると吸収が高まります。
アボカドはビタミンC、ビタミンEが豊富なので相性バッチリ。
まずはほうれん草をゆでる。
フライパンで。
根をよく洗って
お湯が沸騰したら
茎の部分を
30秒ゆでる
ぐつ
ぐつ
茎が少しやわらかくなったら
葉まで沈めて
30秒程ゆで。
ゆでたら
氷水か冷水で
さます。
ひんやり…
ある程度冷めたら軽くしぼり、水気をきっておく。
きゅっ
きゅっ
アボカド半分をさいの目、ほうれん草を食べやすいサイズに切る。
アボカドは大きめにね。

ほうれん草は切った後にまたしっかりしぼる。
ギュウ〜〜ッ
＊がでるでる〜〜っ
そして調味料をフタ付き容器に入れて混ぜます。
めんつゆ大さじ2
しょうゆ小さじ1
さとう小さじ1/2
密閉できるやつで〜
アボカド、ほうれん草をフタ付き容器に入れてフタをして
ポィポーィ
振る
ゴロゴロゴロゴロ
↑アボカドがころがる音
お皿に盛って白ゴマをふったら「緑の幸せ！ アボカドとほうれん草のおひたし」の完成！
ぱらぱら
一見、意外な組み合わせに見えますが、アボカドはまったり、ほうれん草はしゃくしゃくで絶品です！
まったり〜〜
倍量で作って翌朝に卵かけご飯に入れるのもおいしいです〜
味がしみてるのでしょう油いらない〜
んまんまんまんま〜

# 緑の幸せ！アボカドとほうれん草のおひたし

瀕死レベル 4

☆☆☆☆

アボカドはこげ茶～黒っぽくて少し柔かめのもの、ヘタ周りにすき間がなくて、ヘタがしっかりしてるものが食べ頃です～。
若いのを買って自宅で2,3日追熟させるのもオススメです。
追熟は冷蔵庫には入れずに置いておくだけ～

**材料（一人前）**

- ● ほうれん草…2～3株
- ● アボカド…1/2個
- ☆ めんつゆ…大さじ2
- ☆ しょう油…小さじ1
- ☆ 砂糖…小さじ1/2
- ● 白ゴマ（あれば）…ひとつまみ

**作り方**

① ほうれん草をゆでて、氷水か冷水にとって冷まし、水気をきっておく。

② アボカドをさいの目、ほうれん草を食べやすいサイズに切り、フタ付き容器に☆と一緒に入れ、フタをして振り混ぜる。

③ 混ざったら白ゴマをふって完成。

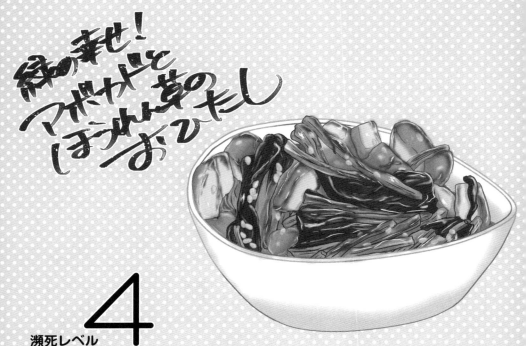

# オマケ1ページレシピ

**作り方**

① よく洗って、食べやすく切った白菜と塩きのこ（p.107）をボウルに入れてドレッシングで混ぜるだけ！

# 番外編　あまーい誘惑！

# スイーツ編

背徳の甘さ!

# ホッカホカあんまんおやき

はぁ
は
あんまんを！
チャリーン
ひとつ…いやふたつください!!
ほわぁあん
はぁ〜〜〜ん
あんまん様〜っ
お会いしたかったワァ〜
あ〜
早く食べたい〜
え？早く食べればって？
私に普通に食べろと？
甘ァァい！あんまんより甘いその考え！
なんと10回以上はダイエット失敗に成功してるぞ！
どーん
この年季の入ったダイエッターがあんまんの真の食べ方を教えましょう！
使うものは…フライパンとフライ返しのみ！
じゃんっ
作り方は簡単！
まず、あんまんの敷き紙をはがしま〜す
いざ
ぺろっ
そしてあんまんを熱したフライパンに押し付ける。
ちょっと中身が出ても大丈夫〜
じゅわっ

両面に焦げ色がついたら
フライパンからおろして、
じゅじゅう…
チーズを焦がす
チーズが焦げたら
あんまんをのせる
じわわ〜っ
あんまんとチーズが
くっついたら
お皿にのせて、
ぱふっ
そして
できるお太りさまの私は
ここにはちみつを
好きなだけ!
これで完成!
「背徳的!
あんまんおやき」!
サクサクッ
最っっ高〜〜!
くぅ〜〜っ
チーズの塩っけと
はちみつの魅惑の
ハーモニー!
このあんこの
重厚感!
満足…
はぁ〜
幸せの
味だ〜!!
はふはふ
一度食べると
やみつきの
悪魔のおやき。
あんまんが
おいしい季節にぜひ
食べてみてください〜
もう1個
食べちゃお…
2個買って
よかった…

# 背徳的！あんまんおやき

瀕死レベル 5

★★★★★

**材料（一人前）**

- あんまん…1個
- とろけるスライスチーズ…1枚
- はちみつ…お好み

はちみつはなくても
良いけど、かけるとより
背徳感マシマシ～～！
甘じょっぱいって
罪～

**作り方**

① あんまんの敷き紙をはがし、ヘラでフライパンに押し付けながら焼き、
両面に焦げ目がついたらフライパンからおろす。

② フライパンに直接チーズをのせ、チーズが焦げてきたら
あんまんをのせて、チーズがパリッとするまで焼く。

③ 焼けたら皿に移し、はちみつをかけて完成。

# 悪女のチョコフレンチトースト

バレンタイン必勝!?

とはいえ面倒くさいことはしたくないので…
コレだっ！
【バニラ】
アイスクリームッ
アイスクリームと砕いたチョコをボウルに入れてチンする。
ボウルはプラ製のもので！
チョコとアイスが溶けたら卵と混ぜて、パンを浸して再びレンチン。
ひたっ
レンチンするとよく染みるんだよね〜
しみぃ…
あとは熱したフライパンにバターを入れて弱火で焼く。
じゅわあああッ
片面が焼けたら
ひっくり返して〜
ぺろん
え？焼けたら完成？
何言ってんの？
バレンタインレシピだよっ？
コレでしょ〜!!
Cheese!
ココからはがしてください
スライスチーズ
スライ

ひっくり返した上の面にチーズをのせて焼き上げ、
お皿に盛ったら
ここでダメ押しの
追いアイス!
もりっ
これで完成!
「バレンタイン必勝!? 悪女のチョコフレトー」!
あ〜ん
こ、これは…
うまい…
はちゃめちゃに…
あつひやに甘じょっぱ…
チョコのほろにがに
ふわとろのトースト…!
これは…
何かとんでもないものを作ってしまった…
コーフンする…
はぁ…
はぁ…
悪魔的なチョコフレトー。
バレンタイン以外でも悪いことをしたい時にぜひどうぞ〜!

# バレンタイン必勝!? 悪女のチョコフレトー

### 材料（作りやすい分量）

- バニラアイスクリーム（味が濃いもの）…1個（140ml）
- 板チョコ（ミルク）…1/2枚（25g）
- 卵（M）…1個
- 食パン…4枚切り1枚または6枚切り2枚
- バター…10g
- とろけるスライスチーズ…1枚
- トッピング用バニラアイスクリーム（あれば）…お好み

チョコなしで
普通のフレンチトーストに
するのもオススメです!

### 作り方

① ボウルにアイスクリームと細かく砕いた板チョコを入れ、ラップをして電子レンジ500Wで5分加熱。

② ①が溶けたら卵と混ぜ合わせ、2～4等分にした食パンを浸してラップをせずに電子レンジ500Wで1分加熱。

③ フライパンを熱してバターを入れ、②のパンを入れたら弱火で焦げ目がつくまで焼く。

④ 片面が焼けたらひっくり返し、スライスチーズをのせてフタをして、チーズが溶けたら皿に移し、バニラアイスをのせたら完成。

**瀕死レベル**

**3**

★★★

# おわりに

はじめまして、祭と申します。
この度は『瀕死飯！』をお手にとって頂き誠にありがとうございます！
この本は私の初めての書籍で、
「おわりに」といくつか描きおろしお願いします～
こ、これがウワサの描きおろし…！
え～っとぉ、どんな感じで描いたらいいですかねぇ～
「おわりに」って～
そうですね～
事の経緯とか買ってくださった方へのメッセージとか～
通話中
担当Yさん
終了
保留
ビデオ切替
ダイヤルキー
単行本についてると嬉しいオマケの漫画とかのことか…!!
はっ
あ！なるほど！私の感想とかですね！
そうですそうです～！
と、いう感じで終始導かれながら描いた本です。

そう、事の始まりはツイッターで描いたこの漫画。
白菜の斑点は無害ですよ〜って話。
白菜の黒いブツブツ
イラストレーターをやりだしてすぐ
ふ〜アップしたぞ〜
ピロン♪
あっ、もうリツイートされた〜
ピロン♪
ピロン
あれよあれよと10万超えのリツイート。
261
白菜の黒いブツブツの話
からどうぞ
アクティビティを表示
10.5万リツイート　10.6万いいね
ひえ〜〜地元の人口超えた……！
通知もスマホもバグる。
それから描いた「瀕死飯のススメ」というシリーズでいくつか簡単なレシピをツイッターで紹介していると…
「レシピ漫画描きませんか？」
のちの初代担当さん
作業中。
え〜と??
イタズラか…？
お〜ん…？
うたぐり深い。
マジだった。

それから
あれよあれよと
cakesで
連載開始！
毎週更新なので毎日のように瀕死飯のことをかんがえる約1年。
いつもいるな…
コンビニでうろうろ
夜中の作業
連載3週目で原稿のストックがなくなる
そんな生活も落ち着いてきたある日。
原稿中。
DM。
「書籍にしませんか？」
って現担当さん
はて…
イタズラか…？
デジャヴ…
相変わらずうたぐり深い
マジだった。
それから
あれよあれよと書籍に。
いや〜
すべてのタイミングがすごい…
本当に人にめぐまれた…

お察しの方もいると思いますが、私は小さな頃から父子家庭。
中学生の頃から3人分の朝食は当番制でした。
おじやと魚、みそ汁とか。
自然と調理を始めたので独学なのですが、それをこうやってみなさんに受け入れてもらえて、本にできて感謝感激です。
九州を出たのも前の会社を辞めたのも勝手にやったのでこれで少しは親孝行になったかな〜
そしてこの本を買ってくださった方、二人の担当さん、cakesさん、デザイナーさん始め『瀕死飯！』に携わってくださった方々、
感謝ッ！
そして家族や友人達、本当にありがとうございました！
これからもよろしくね。
私の願望としては〜2冊目！ 続編！ 出したいですね！
ね、担当さん！
それでは、またどこかで。
今日もみんなおいしいご飯食べてね〜
祭でした！
Twitterもよろしくです〜
@hohoho09261
まだまだこの本には入りきらなかったレシピも
瀕死飯 cakes
検索
連載版で読めるのでこちらもよろしくお願いします！

ブックデザイン　杉山健太郎

初出　cakes (https://cakes.mu/series/4110) での
連載に描きおろしを加えたものです。

# 瀕死飯!

2019 年 11 月 25 日　第 1 刷発行

著　　者　祭
発 行 者　見城 徹
発 行 所　株式会社 幻冬舎
〒151-0051 東京都渋谷区千駄ヶ谷 4-9-7
電話 03(5411)6211(編集)
03(5411)6222(営業)
振替 00120-8-767643
印刷・製本所　中央精版印刷株式会社

検印廃止


ISBN978-4-344-03538-6　C0095
幻冬舎ホームページアドレス　https://www.gentosha.co.jp/
この本に関するご意見・ご感想をメールでお寄せいただく場合は、
comment@gentosha.co.jpまで。